玩转基金定投

工薪族省心稳定投资利器

曾　增◎编著

中国铁道出版社有限公司

CHINA RAILWAY PUBLISHING HOUSE CO., LTD.

图书在版编目（CIP）数据

玩转基金定投：工薪族省心稳定投资利器/曾增编著. —北京：
中国铁道出版社有限公司，2022.9
ISBN 978-7-113-29191-4

Ⅰ.①玩⋯ Ⅱ.①曾⋯ Ⅲ.①基金-投资-基本知识 Ⅳ.①F830.59

中国版本图书馆 CIP 数据核字（2022）第 095753 号

书　　名：玩转基金定投：工薪族省心稳定投资利器
　　　　　WANZHUAN JIJIN DINGTOU：GONGXINZU SHENGXIN WENDING TOUZI LIQI

作　　者：曾　增

责任编辑：张亚慧　　　编辑部电话：（010）51873035　　　邮箱：lampard@vip.163.com
封面设计：宿　萌
责任校对：安海燕
责任印制：赵星辰

出版发行：中国铁道出版社有限公司（100054，北京市西城区右安门西街 8 号）
印　　刷：北京联兴盛业印刷股份有限公司
版　　次：2022 年 9 月第 1 版　　2022 年 9 月第 1 次印刷
开　　本：700 mm×1 000 mm　1/16　印张：14　字数：194 千
书　　号：ISBN 978-7-113-29191-4
定　　价：69.00 元

前言

俗话说："吃不穷，穿不穷，算计不到就受穷。"这句话点出了"理财"在生活中的重要性。但是在实际生活中，很多人却认为理财的前提是资金，只有资金达到一定水平，有了一定的积累才可以开展理财。

其实不是这样的，对于工薪族来说，主要收入来源为工资，除去一些必要的开支，每月还有一定的结余，即便不能做大额投资，也可以做一些适合的投资。如果将其搁置在银行，只能获得较低的利息收益。既然如此，何不提高资金利用率，对其进行科学、合理的管理，让资产实现增值呢。

事实上，如今有很大一部分工薪族都有投资理财的意识，只是苦于工作繁忙，生活节奏紧张，没有时间和精力去做投资理财，匆忙入市极有可能得不到回报，还会给自己带来严重的经济损失。

鉴于此，工薪族可以尝试基金定投，其不仅投资门槛低，而且每月或每周的定投频率也比较适合工薪族的收入特点，不会给自己带来太大的经济负担。另外，基金投资属于间接投资，即将资金交给专业的基金经理进行打理，请专业人士为自己做资产管理，风险更低。最后，基金定投操作简单，便于打理，是非常适合新手的一种投资方式。

为了帮助工薪族更好地开展基金定投，笔者特意编写了本书。书中由浅及深地向读者介绍了基金定投的相关内容和知识，以便帮助投资者快速上手，从容应对基金市场变化。

本书共 7 章，可分为三部分：

◆ 第一部分为第 1 章，是本书的基础部分，主要是向工薪族说明基金定投的重要性，以及基金定投的优势和一些基本投资原则，以便读者更好地理解基金定投是怎么回事儿。

◆ 第二部分为第 2～6 章，是本书的主要部分，内容比较多，主要是向读者介绍关于基金定投的一些投资方法，包括了解基金和定投、筛选优质基金、搞懂"买"与"卖"、掌握定投策略及组建基金组合。

◆ 第三部分为第 7 章，是本书的最后一个部分，属于查漏补缺部分，主要是向读者介绍关于基金定投的一些投资技巧，包括新手投资者常出现的问题、基金定投妙招分享及基金定投收益计算。掌握这些技巧可以帮助投资者更好地开展基金定投，进而提升投资获胜概率。

本书的优势在于书中内容从实用的角度出发，加入大量投资案例，帮助读者理解和掌握基金定投的相关知识。另外，在创作过程中运用大量的数据、表格和图示，以便读者能够更直观地阅读和理解。

最后，希望所有读者都能从书中学到需要的知识，轻松上手基金定投，并从基金市场中获得理想的收益。任何投资都有风险，在投资时请慎之又慎。

作　者

2022 年 6 月

目录

第1章 开展基金定投，轻松摆脱固定薪资

工薪族每日勤勤恳恳上班，每月领取固定的工资收入，虽然稳定，但是随着物价的逐渐上涨，很多人都渐渐担心固定的工资收入赶不上物价上涨的速度。因此，我们有必要开展投资，想办法扩展自己的收入来源。但是因为工薪族时间少，精力有限，且缺乏投资经验，所以，可供选择的理财方式比较有限，鉴于此，工薪族可以考虑开展基金定投，操作简单易上手且安全可靠。

第2章　投资基本前提，了解基金和定投

很多投资者明白了投资理财的重要性，有了投资想法之后就急急忙忙入市，渴望通过基金投资获得不菲的投资回报。但现实却往往给了他们沉重的一击，这是因为他们在投资之前可能并不了解什么是基金。只是听说基金定投操作简单、门槛低，就入市投资了。显然这种做法是错误的，在做基金投资之前，务必要了解基金及基金定投。

第 3 章　筛选优质基金，是投资成功的一半

　　理财投资中最重要、最关键的一环就是投资对象，在基金定投中也是如此。基金市场中的基金数量成百上千，如何从其中选出真正优质、有潜力、有发展前景的基金是投资的关键，一旦找到，投资者的投资也就成功了一半。

第 4 章　基金定投诀窍，搞懂"买"与"卖"

在基金定投中，投资者普遍存在的最大困扰就是什么时候买进和什么时候卖出，只有在合适的位置买进，在恰当的位置卖出，投资者才能获得可观的投资收益。因此，想要真正实现投资获利，我们就不得不搞清楚其中的"买""卖"问题。

第5章 选好定投策略，就能更聪明地投资

定投并非"傻瓜式"的固定投资，它讲究一定的策略。做更聪明的投资，不仅能够提升投资成功率，降低投资风险，还能提高投资收益率。在本章内容中我们将介绍一些基金定投的策略。

第 6 章　组建定投组合，提高投资盈利的胜算

　　基金市场中的基金不仅种类多，数量也多，稍有不慎，投资者可能会选择到一只质量不佳、前景不明的基金，那么定投结果就比较堪忧了。那么，怎样才能降低基金筛选带来的风险呢？鉴于此，采用基金组合定投，将资产同时投入到不同的基金中，以降低整体收益的波动，提高定投获胜的概率。

第 7 章 定投妙招分享，投资能力快速提升

在投资活动中，一方面需要投资者积累大量的专业知识，另一方面也需要投资者具备一定的实战经验，但是这对于一些刚入市的新手投资者来说往往比较困难。此时，投资者可以试着从一些投资技巧入手，以提升自己的投资实力。

第 1 章

/ 开展基金定投，轻松摆脱固定薪资 /

工薪族每日勤勤恳恳上班，每月领取固定的工资收入，虽然稳定，但是随着物价的逐渐上涨，很多人都渐渐担心固定的工资收入赶不上物价上涨的速度。因此，我们有必要开展投资，想办法扩展自己的收入来源。但是因为工薪族时间少，精力有限，且缺乏投资经验，所以，可供选择的理财方式比较有限，鉴于此，工薪族可以考虑开展基金定投，操作简单易上手且安全可靠。

- 每月固定工资能否实现财务自由
- 工作到退休，你能存多少钱
- 投资宜早不宜迟
- 低工资就不适合理财吗
- 缺乏充沛的时间与精力

1.1 我们距离财务自由有多远

"财务自由"是近几年比较流行的一个词语，也是很多工薪一族的奋斗目标，它指的是一个人无须为生活开销而烦恼的状态，也指的是一个人的资产产生的被动收入能覆盖甚至超过他的日常基本开销。但是，这个财务自由的状态我们仅仅通过工资收入能实现吗？

1.1.1 每月固定工资能否实现财务自由

很多人在毕业时担心自己找不到工作，整日不安，然后终于进入一家公司每月拿着固定的工资收入，到了年底还有年终奖，于是开始觉得心安和幸运。渐渐地，你发现你的工资虽然不是一成不变，但是上涨的速度和幅度都较有限。随着年龄的增长，需要承担的责任和履行的义务也会增多，如结婚、照顾小孩、赡养老人等。此时发现，原本稳定安心的固定工资渐渐无法满足生活需要和更高的生活品质，我们需要拥有更多的收入。

工薪族只依靠固定工资不仅无法实现财务自由，还可能无法应对日益增加的生活压力。所以，我们有必要想办法增加收入来源。

网络上有过一个比较火的段子：一个"90后"，工资收入 4 000 元，副业收入 10 000 元。该段子引发了网友们的热议。从中我们也能看到一些工薪族的做法，对比一味地盯紧固定工资，他们已经开始想办法拓宽收入渠道，提高收入。

虽然副业收入确实能够给我们带来丰厚的收入，但是对于大部分的工薪族来说却是不现实的，主要存在以下几个原因。

精力有限。主业工作已经消耗了工薪族太多的精力和时间，无法腾出更多时间和精力到副业中。

能力有限。很多人做副业会选择一些时间相对灵活的工作，但是这类工作通常对专业性要求较高，例如家教、设计、撰稿及摄影等。这些技能大部分普通工薪族都不具备。

本末倒置，影响主业。如果想要副业有一些起色，势必需要花费大量的时间，投入较多的精力，这很有可能会影响到自己的主业工作，使得工作本末倒置，弄巧成拙。

那是不是作为工薪族的我们就无法增加收入来源了呢？答案当然是否定的，工资族还可以通过理财的方式提高收入。理财是增加被动收入最简单、最直接的方法，既不需要工薪族花费过多的时间精力，也对投资者没有过多要求。

1.1.2　工作到退休，能存多少钱

对普通工薪族来说，每天勤勤恳恳工作，除了期望通过工资收入来应对日常开销，提高自己的生活品质外，还希望能够通过自己大半辈子的努力积累一定的积蓄，让自己在退休后也能过上有品质的生活。

提到退休，很多人并不会放在心上，尤其是一些"90 后""00 后"，因为对于他们来说，退休似乎是一件很遥远的事情。但是如果我们对此不能有一个清晰的认识，那么可能真的到了退休的那一天，我们也无法让自己的生活品质有保障。

那么，作为一个每天上下班打卡的普通工薪族，退休前可以存下多少钱呢？

虽然不同行业、岗位之间的收入水平存在一些差异，但是，大部分普通人的工资水平和工作年限是有一个大概范围的。

假设一位工薪族的工资收入为 5 505 元 / 月，按照这个数据进行计算，一年的收入约 6.6 万元。如果其中一半的钱用于支付日常生活支出，剩下的一半为存款，那么，这个人一年可以存下约 3.3 万元。再以毕业后平均工作 30 年退休计算，从理论上来看，一个普通工薪族退休时可以存100 万元左右。

从生活实际来看，因为生活需要、人情世故、人生大事及生病住院等，使得很多人无法做到用一半收入进行储蓄。所以，一个普通工薪族一年能存年收入的 25% 就不错了。

除了存款较少外，退休之后的开销也比较大。工薪族退休时的年龄通常在 60 岁左右，随着年龄的增加，身体也在逐渐变差，也更容易生病。虽然现在的医疗保险制度比较完善，可以为我们节省不少开支，但是对于依靠退休金生活的老年人来说可能还是不够的。

如果考虑到未来的物价上浮、通货膨胀等各种因素，那么，在退休之前起码需要准备一定的存款才能保证生活所需的开销。

这样看来，工薪族期望通过工资来实现较好的退休生活是比较困难的，我们有必要在自己还年轻的时候想办法提高收入，增加存款，为退休生活助力。

1.1.3 投资宜早不宜迟

什么时候开始做理财比较合适呢？这是很多工薪族比较苦恼的问题。刚参加工作不久，你可能想做理财，却发现自己的工资收入较低，仅仅能够应对日常的基本生活开销，于是便打消了这一想法；到了 30 岁，工作逐渐稳定，工资也有所提升，你再次想要开始做理财规划，却发现家庭琐碎的生活和繁忙的工作已经把时间填满，因为没有空闲时间而放弃；到了 40 岁时，孩子逐渐长大，空闲时间渐渐增加，你开始想要通过理财实现资产增值，却因为没有较好的理财规划而搁浅。

那么，什么时候才是投资理财的好时机呢？种下一棵树最好的时间是 10 年前，其次便是现在，理财也是如此。事实上，真正重要的不是什么时候开始，而是一旦你有了这种理财意识后就要立即付诸行动。理财没有来得及或来不及的说法，任何时候都可以，尽早开始就能尽早享受到理财带给我们的益处。

因此，一旦你有了这方面的意识，想要通过投资理财来实现资产增值，改善生活，那么就应该立即开始，不要去管会不会晚，只要下定决心开始，任何时候都不会晚，任何时候开始都是最佳时机。工薪族越早开始理财就能越熟悉理财产品的风险性和多样性，也能积累更多实战经验，提升自身的投资技能。

1.1.4　工资不高就不适合理财吗

部分工薪族有这样一个意识，认为投资理财是有钱人才需要做的，自己的工资低，应对日常生活已是不易了，完全没有理财的必要。但事实真的是这样吗？其实不然，理财是一个概念，它包括资产管理和投资，要求我们一方面要做好自己的资产管理，包括负债和资产；另一方面要做好投资，提高收入。由此可见，工资的高低与理财与否并没有直接的关系，只要自身具有理财的意识，即便是钱不多也可以开始理财。

所以，理财不一定要等到有钱了再开始，资金不多的人更需要理财。只不过对于资金较多的人来说，他们的投资理财渠道更多，选择的范围会更广，资金量较少的投资者可选择的投资理财渠道相对较少，相比高收益回报，投资会更追求稳健。

那么，有哪些理财方式比较适合收入较低的工薪一族呢？

（1）银行存款

银行存款是大部分工薪族平常接触最多，也是最习以为常的一种理财方式。因为银行存款没有门槛限制，即便是 1.00 元也可以存入银行，比较适合收入较低的工薪族；其次，银行对于大部分的工薪族来说，意味着安全可靠，所以他们理财时会首选银行；再者，银行存款便捷、简单。现在各大银行都有自己的网上银行和手机银行，储户足不出户就可以轻松完成存款或取款等一系列操作。

但是，银行存款也存在一些不足，银行存款的利率较低，尤其是活期存款，利率非常低，这在很大程度上降低了储户的存款积极性。现在市面上的理财工具有很多，互联网理财也很便捷，使得人们被相对高利润、高回报的理财产品吸引。所以，不少人不愿意将钱存银行了。

（2）货币基金

货币基金是以余额宝为代表的一种开放式基金，具有安全性高、流动性强、收益稳定的特点，有点儿类似于银行储蓄，属于入门级的理财产品，非常适合低收入的工薪一族。货币基金的投资门槛非常低，很多平台上的货币基金都是 1.00 元起投，产品流动性与活期存款差不多，安全性也很高，发生亏损的可能性较低，但收益率却高于银行活期存款。

（3）债券投资

债券投资是指债券购买人（投资人、债权人）以购买债券的形式投放资本，到期向债券发行人（借款人、债务人）收取固定利息及收回本金的一种投资方式。债券投资的安全性非常高，深受低风险投资爱好者的青睐，它的投资门槛也非常低，一般 100.00 元就能投资。

但是，债券通常有投资期限限制，且投资期限较长，一般有 3 年期、5 年期等，期限越长，票面利率越高。债券通常不能提前赎回，只有部分债券可以提前赎回，但会损失部分利息，不划算。

（4）基金定投

基金定投有些类似于零存整取，投资者设置固定的时间和固定的金额投资到固定的基金中。这种投资方式操作简单，门槛低，且不需要过多的投资经验，非常适合工薪一族。

总的来说，即便是工资收入较低的工薪族，也可以做投资理财，市面上也有很多适合工薪族的理财方式和工具，但更为重要的是，工薪族要具备投资理财的意识。

1.2　工薪一族的投资现状

随着我国经济蓬勃发展，工薪族的可支配收入也呈现逐年增长的趋势，富裕起来的人们开始思考如何实现资产增值，对投资理财的需求也越来越强烈。但是，受到很多现实因素的制约，工薪族的理财成果并没有想象中好，那么，工薪族的投资有哪些特点呢？我们一起来看看。

1.2.1　缺乏充裕的时间与充沛的精力

任何事情都需要付出时间与精力才能得到回报，理财也是如此，例如炒股投资，投资者需要注意市场走向，盯紧盘面，寻找最佳的买卖机会。

充裕的时间和充沛的精力是必要的保证，也是大脑保持冷静思考的前提，更是注意力集中的关键。但是，大部分的工薪族在投资理财中最缺乏的就是这两项。

下面来看一个普通工薪族通常的作息安排，如表 1-1 所示。

表 1-1　工薪族通常的作息安排

时　　间	安　　排
7:30—8:00	起床，洗漱更衣
8:00—9:00	吃饭，乘车，上班打卡
9:00—12:00	上班时间
12:00—13:00/14:00	午休时间，吃午饭并短暂休息
13:00/14:00—18:00	上班时间
18:00—19:00	乘车，下班回家
19:00—21:00	晚餐，休息放松
21:00—23:00	洗漱更衣，准备睡觉

可以看到，工薪族一天的时间几乎都被工作及工作相关的事务占据，留给自己的空闲时间非常少。值得一提的是，这还是正常上下班，没有加班，且上下班路程在 1 个小时以内的工薪族的作息安排。如果是经常加班或者是居住地离公司较远的工薪族，那么他们可支配的空闲时间就更少了。

而且对于大部分工薪族来说，自己的本职工作才是首要的，投资理财只是副业或者业余，所以，他们会将大部分的时间和精力都投入到主业中，考虑更多的是如何提高工作能力、如何提高绩效、如何增加工资收入，以及怎么才能实现升职，以至于没有过多的精力可投入到投资理财中。

1.2.2　投资成本有限

工薪族的生活经济来源主要依靠工资收入。工资是指雇主或法定用人单位根据法律规定、行业规定或根据与员工之间的约定，以货币形式对员工的劳动支付的报酬。

工资可以以时薪、月薪及年薪的形式进行计算。时薪是每小时的工作薪资；月薪是每个月的工作薪资；年薪则是每年的工作薪资。目前，国内大部分的企业都实行月薪制度。

因为工薪族的收入来源相对来说比较单一，工资收入通常是主要收入或者是唯一收入，所以，工薪族的收入正常具有稳定的特点，工薪族全年会有一个比较平缓的现金流。普通工薪族的收入可能不及自主创业的老板高，但是胜在稳定，每个月都有固定的收入，且随着工作年限的增加，工薪族的收入呈逐渐上升趋势。

但是，工薪族每月的收入并不能全部用于投资理财，一般来说，他们的收入会分为几个部分：一部分用于基本的生活开销；一部分用于家庭生活，例如子女教育、老人赡养、健康医疗及人情往来等。除去这些，剩余部分的资金才可以用于理财。

另外，即便是做投资理财，工薪族也要考虑资金的流动性问题。因为未来和意外难以预料，需要为此提前做好安排，避免在意外来临之际没有应急资金。

总的来看，工薪族更适合低门槛、稳定、资金流动性强的理财工具，而满足这些条件的，首选基金定投。

1.2.3　比起大幅获利，更渴望稳健的回报

普通上班族已经成为城市主力军，在建设城市、收获回报的同时，他们也承受着不同类型的压力。

（1）工作压力

工作压力主要是指在工作过程中承受的各种压力，例如工作负担大、责任多，又或者是工作时间久了，长时间得不到发展，工资和职务不能得到提升，才能无法发挥等。

（2）子女教育

作为父母自然都希望能够给孩子更好的教育、更好的生活质量。为此，父母努力工作，但很多人时常感到压力。尤其是在一些经济发达的一线城市，这种压力更加明显。

（3）赡养老人

年少的时候我们往往感受不到压力，主要是因为那个时候所有的压力都由父母承受了。但是，随着时间渐渐流逝，我们逐渐长大，父母渐渐老去，并开始依靠我们时，就慢慢感受到了压力。

赡养老人包括老人的日常生活、生病住院等，这些除了需要我们付出自己的心力、时间之外，还离不开经济支持。

（4）经济压力

随着物质生活的逐渐丰富，人们的经济压力也越来越大。根据相关的调查研究发现，大部分的工薪族都背负着房贷、车贷，这就意味着许多工薪族每月刚刚到手的工资就不得不拿出一部分用于还款，这也给工薪族带来较重的经济负担。

由此可见，工薪族的压力较大。正是因为背负这样的压力，使得他们在投资上不能、也不敢放手一搏。收益与风险同行，高收益的同时也意味着高风险，如果缺乏投资经验的工薪族贸然投入到高风险的项目中，很有可能不仅得不到想象中丰厚的投资回报，还会遭受经济损失。

因此，背负较重生活压力的工薪族在投资时，相比高额回报，往往更看重低风险、稳健的投资。

1.3　基金定投，省心又省力

前面我们通过分析，了解到工薪族投资的一些困境和难处，针对这些问题，有投资想法的工薪族可以将投资目光投向基金定投，它操作简单、门槛低，非常适合缺乏投资经验、收入稳定的工薪族。

1.3.1　投资门槛低，适合工薪族

基金定投是一种投资门槛非常低的投资方式，大部分的基金定投起投金额为 100.00 元，有的甚至为 10.00 元起投，如图 1-1 所示。

图 1-1 基金定投门槛

由此可见，基金定投的门槛非常低，特别适合收入稳定但收入水平不高的工薪一族，既不会给工薪族带来经济负担，同样能够做好投资，实现资产的增值。

基金定投是一项需要长期坚持的投资，它需要在固定的时间进行扣款，这就需要投资者自身具备比较稳定的资金流，而这一点非常符合工薪族的收入特点。工薪族每月领取相对固定的工资，能够提供比较稳定的现金流。

可以看到，基金定投的特点与工薪族的收入特点吻合度非常高，可以说基金定投几乎是为工薪族量身定做的一种投资方式。

1.3.2 可自动申购，操作简单易坚持

很多人之所以不愿意投资，并非真正地对投资理财不感兴趣，而是自身没有充足的时间对投资进行有效的管理。而缺乏管理的投资无异于无效

投资，投资者不能很好地对其控制管理，投资风险自然增加。

例如股票投资，投资者需要盯紧盘面，观察市场变化，以便找到最佳买进点和卖出点，从而实现收益最大化。

但是，基金定投则不同。基金定投是一项需要通过长期坚持才能看到效果的投资。

虽然基金定投需要的投资期限比较长，但是对投资者的操盘管理要求却非常低，现在的互联网理财，智能化投资，也使得基金定投更加便捷。投资者不需要时时监督管理，也不需要月月转账，只要在投资之初设置好扣款的时间、扣款的金额及扣款的方式，并保证扣款账户中有充足的资金即可。

下面以支付宝理财为例，介绍基金定投自动申购的便捷操作。

实例分析
基金定投自动申购设置

打开支付宝软件，点击下方的"理财"按钮，进入理财界面。在界面中点击"基金"按钮，进入基金理财页面。然后在页面中点击"省心定投"按钮，如图 1-2 所示。

图 1-2　进入基金定投页面

进入基金定投专区，平台根据大部分投资者的投资需求提供了金选榜单、目标投及工资理财几个栏目，投资者可以点击下方的"GO"按钮，进入基金选择页面，如1-3左图所示。当然，也可以直接在页面下方选择目标基金点击"一键定投"按钮，如1-3右图所示。

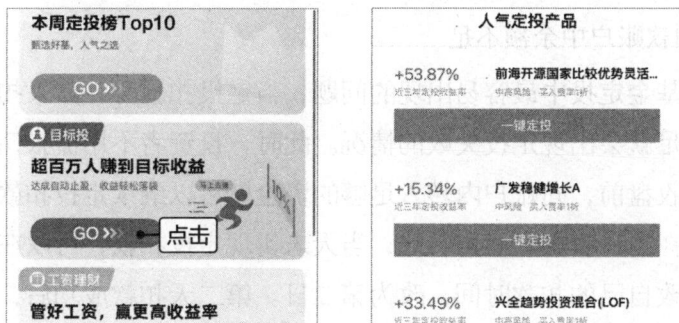

图1-3　选择基金

选择好目标基金后，进入定投设置页面，根据页面提示设置好定投金额、付款方式及定投周期，最后点击"确定"按钮，然后输入支付密码，即可完成基金定投的申购操作，如图1-4所示。

图1-4　定投设置

设置完成后，每月到定投时间点时，系统便会自动扣款购买基金，无须投资者再做其他操作。

在基金定投中，最需要担心的问题就是基金定投扣款失败，即买入失败。通常基金定投扣款失败存在以下3个方面的原因。

◆ 扣款账户中余额不足

这是基金定投中最容易出现的问题，当定投扣款时，如果扣款账户中的余额不足就会出现定投失败的情况。此时，投资者不用慌张，只要在扣款日当天收盘前，向账户内转入足够的资金就可以继续定投扣款操作。如果投资者在当日收盘之后再转账，当天未实现定投扣款，可以在基金定投计划中修改自己的扣款时间，改为第二日。第二天扣款成功后，再将定投计划改回原本的定投计划即可。

◆ 扣款当日遇节假日

如果基金定投当日遇到节假日也可能出现扣款不成功、定投失败的情况。面对这种情况不要担心，系统会自动在节假日结束后的第一个交易日扣款，不需要投资者操作。

◆ 基金处于暂停申购期

如果选择的目标基金正处于暂停申购期，也会导致基金定投扣款失败。面对这种情况，需要等到基金恢复申购后再开始定投。

一般来说，基金定投扣款失败，系统会在第一时间通知投资者，投资者需要根据实际情况来进行处理。需要注意的是，如果基金定投连续3次扣款失败就会导致定投计划终止。如果基金定投计划被终止了，可以重新设立定投计划。

1.3.3　分批买进，风险更低、更稳健

市场永远处于波动变化之中，这就使得基金净值也呈波动变化。任何

一个投资者都希望能够买在最低点，降低投资成本，持有更多的基金份额。但是，并不是人人都有准确预估净值变化的能力，尤其是一些缺乏投资经验的工薪族，更是如此。那么，我们是不是就做不好投资了呢？

当然不是，基金定投最大的优势在于分批买进，摊薄了投资成本，相比一次性投资，它的投资风险更低。

基金净值处于变化之中，可能升高也可能下降。基金定投增加了投资次数，有可能在高位买进，也有可能在低位买进。投资次数的增加也提高了买在低位的概率，平均下来，投资成本自然被摊薄，所以投资风险更低。

下面以一个具体的实例来进行说明。

实例分析

基金定投分批买进与一次性投资的收益风险比较

某只基金 1 月 10 日、2 月 10 日、3 月 10 日、4 月 10 日、5 月 10 日、6 月 10 日的基金净值分别为：1.00 元、0.90 元、0.80 元、0.60 元、1.00 元、1.20 元。两位投资者 A 和 B 分别以一次性投资和定投的方式投入 5 000.00 元，并在 6 月 10 日以 1.20 元的价格赎回，计算投资者 A 和投资者 B 的投资收益。

投资者 A 在 1 月 10 日基金单位净值 1.00 元时，投入 5 000.00 元，然后在 6 月 10 日，以 1.20 元的价格赎回持有的基金份额，他的投资收益如下（不考虑手续费）。

买进基金份额：5 000.00÷1.00=5 000（份）

赎回金额：1.20×5 000=6 000.00（元）

投资收益：6 000.00-5 000.00=1 000.00（元）

投资者 B 从 1 月 10 日起，每月定投 1 000.00 元，并在 6 月 10 日以 1.20 元的价格赎回持有的基金份额，他的投资收益如下（不考虑手续费）。

1 月 10 日买进的基金份额：1 000.00÷1.00=1 000（份）

2 月 10 日买进的基金份额：1 000.00÷0.90≈1 111.11（份）

3 月 10 日买进的基金份额：1 000.00÷0.80=1 250（份）

4 月 10 日买进的基金份额：1 000.00÷0.60≈1 666.67（份）

5 月 10 日买进的基金份额：1 000.00÷1.00=1 000（份）

持有的基金份额总数：1 000+1 111.11+1 250+1 666.67+1 000=6 027.78（份）

赎回金额：1.20×6 027.78≈7 233.34（元）

投资收益：7 233.34−5 000.00=2 233.34（元）

从计算结果可以看到，投资者 B 买进的基金份额为 6 027.78 份，明显多于投资者 A 的 5 000 份，投资者 B 的投资收益也明显高于投资者 A。这是因为投资者 B 通过基金定投的方式进行投资，摊薄了投资成本，他的平均买进成本约为 0.83（5 000÷6 027.78）元。而一次性投资的投资者 A 买进成本为 1.00 元，成本高于投资者 B，所以他的收益更低。因此，基金定投的投资方式相比一次性基金投资更稳健，风险也更低。

需要注意的是，基金定投在熊市当中，摊薄成本的效果更明显，一旦基金止跌回升，转入牛市，投资者就可迎来一波可观的投资回报。

1.3.4 淡化择时，投资更便捷

在投资中，常常会听到这么一句话：站在风口上，谁都能飞起来。这句话说明了时机的重要性，换句话说，投资离不开行情，在牛市行情中，人人都有可能获利离场。

但问题的关键在于，很多投资者并不能有效地找准投资时机。另外，过度重视择时的投资者，有可能会陷入错误的投资心理，进而做出错误的投资决策。

如图 1-5 所示为过度重视择时的投资者的投资心理变化图。

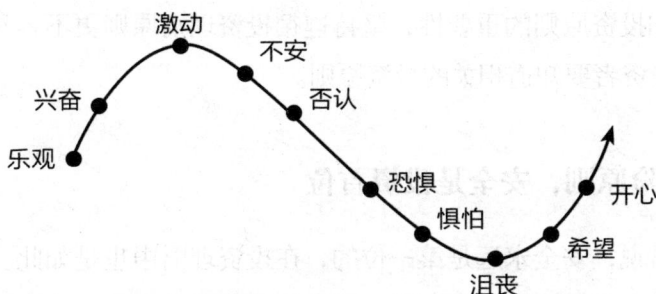

图1-5　过度重视择时的投资者的投资心理变化

　　从投资者的心理变化过程可以看到，这种择时交易更像是一种预测性的猜选，如果猜中了就可以获得不错的投资回报，但是猜错了就会遭受严重的经济损失，尤其对于缺乏投资经验的投资者来说，更是如此。择时交易更适合具有专业投资知识和丰富投资经验的投资人士，他们能够对市场未来的走势变化有一个准确的预估，进而找到最佳的买进、卖出位置，但这种方式并不适合普通投资者。

　　既然择时投资的难度这么大，那么投资者应该如何做投资呢？其实，可以采用基金定投。与择时投资不同的是，基金定投通过分批买入、多次投资来分散风险，淡化了"择时"的重要性，进而提升了投资者投资的成功率。其实，基金定投就是利用多次投资来使投资时机更加分散，对时机的要求低，对投资者的要求也低。

1.4　基金定投要遵循基本的投资原则

　　投资理财，其实说简单也简单，说复杂也复杂。对于一些经验丰富的投资者来说，投资非常简单，做好风险评估和收益估算即可。但是，对于一些缺乏投资经验的投资者来说，投资就是一件比较复杂的事情，稍有不慎便可能酿成大祸。他们之间的差异很有可能只在于投资原则，有经验的投资者深知投资原则的重要性，坚持遵循投资理财原则更不容易出错，所以，新手投资者要知道相关的投资原则。

1.4.1　风险原则，安全是投资首位

人们常说，安全永远是第一位的，在投资理财中也是如此。投资理财中最重要的不是高收益、高回报，而是保证本金的安全，若为了追求高收益而忽视甚至无视风险，很容易造成巨额亏损。

风险原则要求投资者做与自己风险承受能力相匹配的投资，例如低风险承受能力的投资者不应该贸然展开高风险投资。所以，在开始做基金定投之前需要测试一下自己的风险承受能力。

风险承受能力指的是一个人有多大能力承担风险，换句话说，就是投资者能够承受的最大投资损失是多少，在投资达到最大损失额时不会对正常生活造成影响。一个人的风险承受能力需要综合衡量，包括个人的资产状况、家庭状况、工作情况、投资经验及年龄等。

评估个人的风险承受能力看起来比较复杂，实际操作起来非常简单。投资平台上都有风险承受能力测试题，投资者只需花几分钟时间完成测试题就可以得到自己的风险承受能力评估结果。如下所示为某平台提供的个人投资者风险承受能力评估问卷。

实例分析
测试你的风险承受能力

1. 您现在的年龄是（　　　）。

A. 60 岁以上　　　　　　B. 46 ～ 60 岁

C. 36 ～ 45 岁　　　　　　D. 26 ～ 35 岁

E. 25 岁以下

2. 您的健康状况如何？（　　　）

A. 一直都不是很好，要经常吃药和去医院

B. 有点不好，不过目前还没什么大问题，我担心当我老了的时候会变得糟糕

C. 至少现在还行，不过我家里人有病史

D. 还行，没大毛病

E. 非常好

3. 您目前投资的主要目的是（　　　）？

A. 确保资产的安全性，同时获得固定收益

B. 希望投资能获得一定的增值，同时获得波动适度的年回报

C. 倾向于长期的成长，较少关心短期的回报和波动

D. 只关心长期的高回报，能够接受短期的资产价值波动

4. 是否有过投资股票、基金或债券的经历？（　　　）

A. 没有　　　　　　　　　B. 有，少于 3 年

C. 有，3 ~ 5 年　　　　　D. 有，超过 5 年

5. 您投资的总额占您个人（或家庭）总资产（含房产等）的（　　　）。

A. 低于 10%　　　　　　　B. 10% ~ 25%

C. 25% ~ 40%　　　　　　D. 40% ~ 55%

6. 您预期的投资期限是（　　　）。

A. 少于 1 年　　　　　　　B. 1 ~ 3 年

C. 3 ~ 5 年　　　　　　　D. 5 ~ 10 年

E. 10 年以上

7. 在您投资 60 天后，价格下跌 20%。假设所有基本面均未改变，您会怎么做？（　　　）

A. 为避免更大的损失，全部卖掉再试试其他的

B. 卖掉一部分，其余等着看看

C. 什么也不做，静等收回投资

D. 再买入，它曾是好的投资，现在也是便宜的投资

8. 您有没有想过如果有一天您的财务状况发生很大的变化，比如突然有一笔很大的开支，这笔开支可能会动用您 10% 的个人资产甚至更多？（　　　）

A. 没想过，我感觉这种大变化不会在我身上发生

B. 经常想，我很担心整个生活都将变得一团糟，可是我又有什么办法呢

C. 想过一两次，感觉挺可怕的

D. 曾经想过一两次，但是我还年轻，无所谓的

9. 您对您目前的财务状况满意吗？（　　　）

A. 不太好，常常要借钱

B. 刚刚好，我要特别小心打理

C. 我做得还行，一直按照我人生的规划在顺利进行

D. 特别好，现在想买什么就买什么

10. 当您退休后，您计划做什么？（　　　）

A. 生活节俭，避免把钱花光

B. 继续工作挣钱，因为我的养老金估计不够用

C. 享受人生，周游世界

D. 努力花钱

完成测试题之后，系统会根据答题者的答案评估答题者的风险承受能力，并推荐风险程度适合的理财产品，如表 1-2 所示。

表 1-2　投资者风险承受能力分类

风险承受能力	投资者类型	适合的理财产品
风险承受能力极低	保守型	极低风险
风险承受能力较低	谨慎型	极低风险、低风险
风险承受能力一般	稳健型	极低风险、低风险、中等风险
风险承受能力较高	积极型	极低风险、低风险、中等风险、较高风险
风险承受能力很高	激进型	极低风险、低风险、中等风险、较高风险、高风险

需要注意的是，市面上很多风险承受能力评估是以测试得分情况来进行划分的。投资者完成测试后会同时公布投资者的得分情况，但是测试得分并没有优劣之分，投资者只需要了解自己的风险承受类型，做与自己风险承受能力相匹配的投资即可。

1.4.2　实际原则，不要盲目跟风

在投资中，很多投资者最容易犯的一个错误就是盲目跟风，尤其是一些新手投资者更容易出现这样的问题。一方面他们缺乏投资经验，自认为跟着所谓的专家更容易获利；另一方面他们也更容易相信朋友，看着别人赚钱获利，就立即跟随入市。

但是，实际情况是这样盲目跟投风险更大，更容易陷入投资困境之中，因为他们对理财及理财产品一无所知，只是抱着高收益的信念盲目相信他人，甚至有的投资者直接对人说，你直接告诉我买哪只基金就可以了。这样的投资往往会遭受失败。

所以，做理财投资时一定要牢记一个道理，即投资理财要自主，不能盲目跟风。

作为一名普通的投资者，一定要秉持不熟不碰的基本投资原则，深入钻研学习并投资自己熟悉的领域，对于市场中热门的、新生的产品，应保持冷静，不要盲目跟风，盲从往往会陷入困局之中。

1.4.3　合理评估收益，忌讳贪欲

所有投资者做理财投资目的都是获得更多的收益，进而实现资产的增值，所以，投资过程中必然会考虑收益率。但是，在评估投资收益率时要理性、合理，不要期望过高，甚至是抱有明显不符合实际的期望。

要知道，投资中最忌讳的就是贪欲，这种贪欲很可能导致自己错过最佳的离场时机，到最后不仅没有收益，甚至连本金都损失惨重。

那么，为什么我们会产生错误的收益预期呢？

在行为金融学中有一个"近因效应"，它指的是：由于人们对最近发生的事情或观察到的现象记得最清楚，这导致人们过度重视最近的信息，而轻视过去久远的信息。

反映在投资中就是，投资者很容易被当前基金短期的表现蒙蔽，产生错误的判断。如果表现良好就会推算出一个较高的收益预期，但实际上，收益却离预期相距甚远。此时，投资者就会产生犹豫的情绪，甚至开始怀疑自己，原本的投资节奏被打乱。

对于投资者来说，抵抗住短期的波动干扰是非常重要的，尤其是以长期持有为主的基金定投中，只有合理预期收益目标，才能指引投资者开展正确的投资。

1.4.4　长期持有原则，更容易成功

很多投资者在进入基金市场时都会听到这样一句话：基金属于长期投资，不能用来"炒短线"。为什么这么说呢？

市场中投资获利的人往往分为 3 类：一类是专业型投资者，他们自身拥有比较丰富的投资知识和投资经验，能够在波动变化的市场中游刃有余地操作，并从中获利；一类是运气爆棚的投资者，这类投资者主要依靠自身的好运气，在缺乏投资经验和知识的情况下，没有做过多的评估，就获得了高额的回报，但是这类人在实际投资中是非常少见的；还有一类人是非常有耐心的投资者，他们能够忍受住市场中的短暂波动，不被市场中的大部分杂音影响，不因短期亏损影响到自身的投资决策，坚持自己，最终用时间换取空间，实现收益。

从国内的市场行情来看，主要呈现出牛短熊长的走势，在这样的行情下，短期投资基金，投资者不仅需要承担高额的手续费用，且市场中的投资机会也比较少，同时面对的投资风险也大，稍有不慎便会遭受重创。

但是，耐心十足的投资者只要扛住了熊市，就能等到牛市的硕果，哪怕前面很长一段时间都处于亏损状态，只要熬过熊市，转入牛市后投资者就能转亏为盈。

在以上 3 种类型的投资者中，作为普通投资者，尤其是刚刚进入基金市场的新手投资者想要成为一名专业型的投资者难度比较大，需要一定的时间和经验累积，而大部分工薪族缺乏的就是时间，所以不太现实。

至于第二种好运的投资者，这种投资其实比较不靠谱，类似于盲投，更像是赌博，投资成功的概率较低，也不适合。因此，我们就只能向有耐心的投资者看齐了。

其实，对于大部分投资者来说，都属于缺乏投资经验和专业知识的投资者，想要在基金市场获利，就需要以耐心来决胜负，不要抱着炒短线和实现暴富翻身的幻想展开投资。

　　另外，长期持有还可以为投资者降低投资成本。如果投资者为了获取价差收益，频繁地买入、卖出，会大大增加申购、赎回的成本。更重要的是，长期投资能将短期投资可能的亏损吸收，既可以增加收益的稳定性，也可以有效降低市场风险。

第 2 章

投资基本前提，了解基金和定投

很多投资者明白了投资理财的重要性，有了投资想法之后就急急忙忙入市，渴望通过基金投资获得不菲的投资回报。但现实却往往给了他们沉重的一击，这是因为他们在投资之前可能并不了解什么是基金。只是听说基金定投操作简单、门槛低，就入市投资了。显然这种做法是错误的，在做基金投资之前，务必要了解基金及基金定投。

- 什么是基金投资
- 基金的运作流程
- 什么是基金定投
- 细谈基金定投与一次性投资的差异
- 哪些人适合做定投

2.1 基金是怎么回事儿

当前投资市场中，虽然购买基金的人越来越多，但是这其中有很多投资者其实对基金的了解并不多，甚至认为基金与债券、股票等相同。但实际上，它们之间的差异非常大。下面来具体看看什么是基金投资。

2.1.1 什么是基金投资

基金投资指的是一种间接的证券投资方式，基金管理公司通过发行基金份额，集中投资者的资金，然后由基金托管人进行集中管理，由基金管理人管理和运作资金，从事股票、债券等金融工具投资，然后共同承担投资风险，分享投资收益。

可以看到，基金投资与债券投资、股票投资最大的区别在于它是一种间接投资，投资者并没有直接购买证券做投资，而是将资金交给一个专业的"管理者"，让他替自己投资管理，自己与其他投资者一起承担投资风险，共享投资收益。

这样的投资方式有点儿类似于找人代购，自己并不直接购买，而是让专业的代理人帮自己购买。不同点在于，在代购中客户可以指定要购买的商品，但在基金投资中，专业的基金管理人会根据市场行情走势变化及数据分析做投资操作，不会听从投资者的意见。

基金这种"风险共担，利益共享"的投资方式非常适合投资经验不足、渴望稳健投资的投资者，具体优势有以下几点。

专业人士打理。从基金投资的运作中可以看到，在基金投资中，投资者个人的操作较少，投资主要依靠专业的基金经理。投资者将闲散的资金通过基金平台委托给专业的基金经理打理。基金经理将资金进行组合投资，分别投资于债券、股票及其他金融工具，最终将赚取的收益分给投资者。这些专业的基金经理都经过了专门、系统的金融学习，并且有丰富的市场投资经验。其次，基金经理背靠基金公司，有专业的团队成员辅助分析，有强大的数据库和更快、更精准的投资信息。这些都是一般散户投资者不能比的，所以，这样的投资更专业、更精准。

组合投资风险更低。单一投资相比分散投资，投资风险更大。个人投资者自行投资，鉴于自己的投资成本和管理精力有限，在投资时一般都是"孤注一掷"，集中购买 1 ~ 2 只股票，一旦股票出现暴跌，就会给投资带来难以估量的损失。基金投资则不同，虽然对投资者来说仍然只是投资一种产品，但是基金经理会做组合投资，将资金投资于不同的金融工具，做到分散投资。以股票型基金为例，其中大部分的资金都投资于股票，基金经理会购买数十只股票，进行组合投资。这样的组合投资方式，风险更小，即便其中某只股票暴跌，也不会造成严重的损失。

投资便捷，资金流动性强。基金投资操作简单，在互联网时代，投资者足不出户就可以轻松完成投资操作。此外，基金有强大的变现能力，投资者赎回基金、收回投资时非常简单。这一点对许多工薪族投资者非常重要，不仅可以应对生活中可能出现的突发情况，还可以抓住更多的投资机会。

监管严格，信息透明。作为投资者，最为担心的就是资金安全，为了保护投资者的利益，增强投资者对基金投资的信心，中国证监会对基金行业做了严格的监管，严厉打击各类有损投资者利益的行为。同时，强制基金公司进行充分的信息披露，投资者可以借此了解基金的全面信息。

独立托管，保障安全。基金投资的一大特点还在于独立托管。在基金投资中，基金经理负责基金的投资操作，但是其本身并不经手基金财产的保管。基金财产的保管由独立于基金管理人的基金托管人负责，两者相互制约、互相监督，给投资者提供了重要保护。

可以看出，基金投资非常适合缺乏投资经验、没有充足投资理财知识且投资金额较少的投资者。

2.1.2　基金的运作流程

了解了基金投资与优势特点之后，还需要进一步了解基金投资是如何运作的，投资者在其中扮演了什么样的角色、有什么作用，如图 2-1 所示。

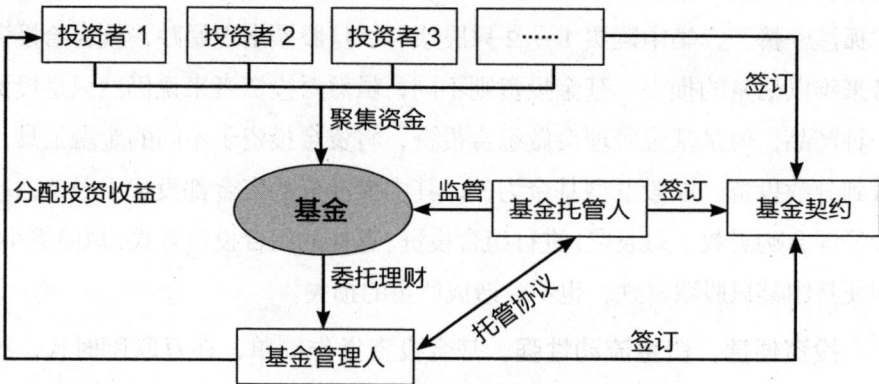

图 2-1　基金投资运作图

从上图可以看到，基金投资经历了以下几个步骤。

①聚集众多散户投资者的投资资金。

②基金管理公司按照基金合同的要求对基金进行投资与管理。

③基金托管人按照合同的要求对基金进行监督和管理。

④基金管理人经过专业理财投资，将投资收益分配给投资者。

在基金投资中出现了 3 个当事人，他们各自的职责如下。

◆ **投资者**：投资者是指基金投资人，即基金单位或基金份额持有人。投资者享受本金受偿权、收益分配权、剩余财产分配权及参与持有人大会表决等。

◆ **基金管理人**：基金管理人指负责管理和运作基金资产的机构，根据《中华人民共和国基金法》的规定，证券投资基金的管理人由基金管理公司担任。

◆ **基金托管人**：基金托管人指依据"管理与保管分开"的原则对基金管理人进行监督和保管基金资产的机构，在我国通常由取得托管资格的商业银行担任。

在基金投资的 3 个当事人中，持有人与管理人之间是委托人（受益人）与受托人的关系；管理人与托管人之间是委托人和受托人的关系；在公司型基金中持有人与托管人之间是委托人与受托人的关系，在契约型基金中是受益人与受托人的关系。

2.2　基金定投与一次性投入

基金定投与一次性投入实际上都是基金投资，它们的区别在于投资方式不同，所以取得的投资结果也不同。但是，两种投资方式并不存在孰好孰坏之分，关键在于投资者更适合哪一种投资方式。因此，投资者需要仔细了解两种投资方式，明确两者之间的差别，再从中选择适合自己的投资方式。

2.2.1　什么是基金定投

从字面上来看，基金定投由"基金"和"定投"组合而成，基金指的是投资对象，定投指的是投资方式，意思就是定期将资金投入基金中，以期获得回报。

所以，基金定投指的是定期分批购买指定的基金，而不是将所有的投资金额一次性投入指定基金。基金定投的买入时间、投资频率及每次投入的金额等都有一定的规律性和计划性。

基金定投也常常被人称为"懒人投资"，首先，基金定投相对于其他投资方式而言门槛较低；其次，基金定投的方法简单，投资者首次投资做好相关设置后，只要保证账户中有足够的金额，系统就能自动投资，不用投资者操作管理。最后，基金定投因为分批投入，增加了投资频率，所以相当于摊平了投资成本，也大幅降低了基金的投资风险。

2.2.2 细谈基金定投与一次性投资的差异

很多人面对基金定投与一次性投资两种投资方式时，往往不知道怎么选择，那么不妨来看看基金定投与一次性投资到底存在哪些区别。

（1）两者的资金需求不同

一次性投资往往需要较大的资金量，例如一定额度的储蓄累积或年终奖等。但是，普通投资者大部分为工薪族，资金来源主要是工资收入，虽然稳定但金额却不大。所以，一次性投资对工薪族来说存在一定程度的经济压力。而基金定投每次投入的资金量并不大，且规律性较强，适合大部分的工薪族。

（2）两者对投资的时机要求不同

一次性投资的核心在于"高抛低吸"，也就是说，投资者需要精准地把握市场波动变化，在低位时积极买进建仓，当基金运行至高位时，选择合适的时机抛售持有的基金份额，了结出局。

从中可以看到，一次性投入对投资的时机要求较高，需要投资者对市场有一个清晰、准确的判断，否则很容易出现买在高位、卖在低位的情况。基金定投则不同，分批多次买进的投资方式淡化了择时的重要性，对投资者的能力要求更低，更适合缺乏投资经验的普通投资者。

（3）两者的投资风险不同

基金定投与一次性投入两种投资方式的投资风险存在较大差异。相较于一次性投资来说，基金定投通过分批建仓的方式，不断拉低持仓成本，大幅降低了投资风险，尤其是在市场下行的过程中可以降低投资者的亏损幅度，并在市场反转时更快实现回本，从而获得更高的盈利回报。所以，一次性投资的投资风险明显高于基金定投的投资风险。

（4）两者适应的市场行情不同

基金定投与一次性投资适合不同的市场行情。如果市场处于单边牛市中，基金净值呈现出稳健上涨的上升趋势，此时，一次性投入的投资方式，可以帮助投资者获得更高额的投资回报。而基金定投分批买进则不断抬高了买进成本，减少了基金持有份额，进而降低了基金投资回报。

实例分析

牛市行情中一次性投入与基金定投

某只基金 5 个月的基金净值走势呈现单边上涨。投资者 A 和投资者 B 分别以一次性投入和定投的方式展开投资且都投入 1 万元，他们的投资收益计算如下。

该基金的基金净值变化为：1.00 元、1.20 元、1.40 元、1.60 元、1.80 元、2.00 元。

投资者 A 在 1 月时，以 1.00 元的基金净值买进，投入 10 000.00 元，并在基金净值上涨至 2.00 元时卖出手中持有的基金份额。投资者 A 的投资收益如下（不考虑手续费）。

持有的基金份额：10 000.00 ÷ 1.00 = 10 000（份）

赎回金额：2.00 × 10 000 = 20 000.00（元）

投资收益：20 000.00 − 10 000.00 = 10 000.00（元）

投资者 B 从 1 月开始，每月定投 2 000.00 元购买该基金，并在基金净值上涨至 2.00 元时卖出手中持有的基金份额。投资者 B 的投资收益计算如下（不考虑手续费）。

持有的基金份额：2 000.00 ÷ 1.00 + 2 000.00 ÷ 1.20 + 2 000.00 ÷ 1.40 + 2 000.00 ÷ 1.60 + 2 000.00 ÷ 1.80 ≈ 7 456.35（份）

赎回金额：2.00 × 7 456.35 = 14 912.70（元）

投资收益：14 912.70 − 10 000.00 = 4 912.70（元）

从上述计算结果可以看到，在单边上涨的市场中，基金定投的投资者B持有的基金份额更少，获得的投资收益也更少，一次性投资更划算。

但是，如果在单边下跌的熊市行情中，一次性投入则极有可能买在半山腰，面对不断下跌的行情损失惨重，即便市场止跌回升，想要回本也需要大量的时间和较大的上涨空间，比较困难。

而基金定投在熊市行情中，通过频繁多次的买进策略，摊低买进成本，一旦基金净值止跌回升，很快便可以实现回本并获利。

实例分析
熊市行情中一次性投入与基金定投

某只基金的基金净值变化为：2.00元、1.80元、1.60元、1.40元、1.00元、1.40元、1.60元。

可以看到，前5个月基金呈现单边下跌的熊市走势，下跌至1.00元后止跌小幅回升。投资者A和投资者B以一次性投入和基金定投的方式分别投入10 000.00元，两人的投资收益计算如下。

投资者A在第1个月时，以2.00元的基金净值买进该基金，投入10 000.00元。可以看到，投资者A的投资成本为2.00元，买进后基金表现下跌，一度下跌至1.00元，该投资者损失5 000.00元。然后基金止跌回升，经过两个月的上涨，回升至1.60元，但此时投资者仍然没有回本，还有2 000.00元的亏损。

此时，再看投资者B，从第1个月开始每月定投2 000.00元，定投5个月，在基金净值回升至1.60元时赎回，投资者B的投资收益计算如下。

持有的基金份额：2 000.00÷2.00+2 000.00÷1.80+2 000.00÷1.6+2 000.00÷1.4+2 000.00÷1.00≈6 789.68（份）

赎回金额：1.60×6 789.68=10 863.49（元）

投资收益：10 863.49−10 000=863.49（元）

从上述计算结果可以看到，基金定投相比一次性投入，投资成本更低，持有的基金份额更多，也能更快回本获利。

而在实际投资中，还有一种市场行情——猴市。这是一种上蹿下跳的波动行情，因为波动幅度较大，投资者更难找到准确的买进、卖出位置，所以更适合定投的投资方式。

综上所述，基金定投和一次性投入在很多方面都存在较大差异，如果投资者投资经验丰富，市场走势较强，可以选择一次性投入，但如果投资者本身资金实力较弱，投资经验缺乏，市场行情捉摸不定，则选择基金定投更稳妥。

2.2.3　哪些人适合做定投

说了这么多，到底哪些投资者才真正适合基金定投这种投资方式呢？

我们可以从投资者自身的特点出发，具有以下特点的投资者可以优先考虑基金定投。

（1）想降低投资风险的投资者

基金相较于股票来说是一篮子投资，风险更低，但基金投资收益却不一定小于股票投资。从投资方式来看，相比一次性投资，基金定投的投资更分散，风险也更低。所以，想要降低投资风险的投资者可以优先考虑基金定投这种投资方式。

（2）有长期理财计划的投资者

对于一些有长期理财计划的投资者来说，基金定投是一种非常便捷的理财方式。因为基金定投是一项长期性投资，亏损概率较低，投资比较稳健，比较适合要给子女做教育金规划、有养老金储备需求的投资者。

（3）想要强制储蓄的投资者

随着物质生活的逐渐丰富，以及超前消费观念的影响，大量工薪族呈现出"月光"的状态。对此，很多工薪族都有了每月储蓄的想法，但是鉴于银行的活期储蓄收益较低，所以，真正每月实现储蓄的较少。

这一类投资者比较适合基金定投这种投资方式。基金定投每月固定时间自动扣除固定的金额，投资者可以将扣款时间设置为领取工资的第二天，如此一来，每到发工资的时候就自动转入一笔资金投入基金，以达到强制储蓄的目的。这样，长此以往也能存下不少钱。

（4）没有时间理财的人

基金定投比较省时、省力，不需要投资者花费过多的时间和精力就能做好投资。这样的投资方式比较适合工作繁忙、缺乏时间，但是又想通过投资实现资产增值的投资者。

（5）理财新手

基金定投对于刚开始投资的理财新手来说可以起到降低投资风险和快速理财的作用。因为很多理财新手缺乏投资经验和专业投资知识，容易在投资过程中陷入一些投资误区，进而给自己带来严重的经济损失。

基金定投可以在很多方面规避理财新手的这些短板，帮助投资者更轻松、稳健地完成投资。

2.3 基金定投中涉及的各种费用

基金投资是一种间接投资，它在聚集投资者们的闲散资金后交给专业的基金经理进行打理，然后分享收益。在这一过程中涉及基金管理费用，也就是各类手续费，投资者在投资之初需要仔细了解这些费用项目和收费方式，做到心中有数。

2.3.1 基金申购费

基金定投中固定时间扣除固定金额买进基金，实际上就是基金申购的过程，在申购基金时投资者需要缴纳申购费。基金申购费的计算公式如下。

净申购金额 ＝ 申购金额 /（1＋ 申购费率）

申购费用 ＝ 申购金额 − 净申购金额

从中可以看到，基金申购费用的高低与费率直接相关，费率越高，申购费用越高。同时，基金买卖遵循"未知价"原则，即申购和赎回基金都采用当天的收盘净值进行结算，投资者在买卖的时候并不知道成交的净值。

例如，某投资者申购 10 000.00 元的某只基金，申购费率为 1.5‰，基金当日净值为 1.50 元，那么此次投资的申购费用计算如下。

净申购金额：10 000.00 ÷（1＋0.0015）=9 985.02（元）

申购份额：9 985.02 ÷ 1.50=6 656.68（元）

申购费用：10 000.00−9 985.02=14.98（元）

在实际投资中并不需要投资者本人亲自进行申购费用的计算，投资者在购买时系统会自动计算。对于投资者来说，更重要的是查看申购费率的高低，尽量选择费率更低的基金，申购费用则会更低。

一般来说，为了促进销售，基金公司在销售时会对大额投资的投资者在申购费率上给出一定的优惠，投资者投入的资金越多，投资者的申购费率就越低。其次，不同的购买渠道可能享受到的申购费率也不同，如图 2−2 所示为某只基金在天天基金网中的申购费率表。

适用金额	适用期限	原费率	天天基金优惠费率	
			银行卡购买	活期宝购买
小于100万元	---	1.50%	0.15%	0.15%
大于等于100万元，小于200万元	---	1.20%	0.12%	0.12%
大于等于200万元，小于500万元	---	0.80%	0.08%	0.08%
大于等于500万元	---	每笔1000元		

图2-2　申购费率表

投资者在购买时要仔细查看，多多对比，尽量选择申购费率更低的平台进行投资。

拓展贴士　*基金认购*

投资者购买基金做投资时，除了申购外，还有一种情况即基金认购。它指的是投资者在开放式基金募集期间、基金尚未成立时购买基金份额的过程。在基金定投中通常情况下都是申购已经成立的开放式基金，但在首次购买并设置定投时可能会出现认购新基金的情况。

认购基金与申购基金一样也需要缴纳一定的费用，即认购费，不同的基金认购费率不同，其计算公式为：认购费用＝净认购金额 × 认购费率；净认购金额 = 认购金额 − 认购费用。

2.3.2　基金赎回费

基金投资除了在购买时需要缴纳申购费用外，在基金赎回时则需要缴纳基金赎回费。

基金赎回通常采用的是"份额赎回"方式，赎回价格以赎回当日的基金份额净值为基准进行计算、计算公式如下。

赎回总金额 = 赎回份额 × 当日基金份额净值

赎回费用 = 赎回总金额 × 赎回费率

例如，投资者持有某只基金 1 000 份额，赎回当日的基金净值为 2.00 元，赎回费率为 1.5%，那么计算该投资者的基金赎回费用如下。

赎回总金额：1 000×2.00=2 000.00（元）

赎回费用：2 000.00×1.5%=30.00（元）

赎回费用也同申购费用一样，不需要投资者自行计算，投资者做出赎回操作后平台会自动计算赎回费用并扣除，投资者只需要了解赎回费用的计算方法即可。

从基金赎回费用的计算中可以看到，基金赎回费用的高低与当日基金净值高低及赎回费率相关。其中，基金净值我们不能控制，且基金净值越高，投资收益也就越高。但是投资者却可以在一定程度上选择赎回费率，试着降低赎回费用。

一般来说，基金的赎回费率高低与投资者持有基金的时间长短有关，投资者持有基金的时间越长，那么基金赎回时的费率就越低，投资者缴纳的赎回费用也就越低。相反，投资者持有基金的时间越短，基金赎回时的费率就越高，投资者缴纳的赎回费用也就越高。如图 2-3 所示为某只基金在天天基金网中的赎回费率表。

◎ 赎回费率		
适用金额	适用期限	赎回费率
---	小于7天	1.50%
---	大于等于7天，小于30天	0.75%
---	大于等于30天，小于1年	0.50%
---	大于等于1年，小于2年	0.25%
---	大于等于2年	0.00%

图 2-3　赎回费率表

从图中可以看到，投资者持有的时间越长，基金赎回费率越低，当投资者持有基金超过两年即可免费赎回，非常适合长期投资的投资者。

2.3.3　基金投资中的其他费用

基金投资中除了申购费、赎回费之外，还有一些其他服务费用，投资者需要对其有一定的了解。具体的费用包括下面 4 种。

（1）基金管理费

管理费是支付给基金管理人的管理费用，基金管理费是基金公司的主要收入来源，根据种类和风险的不同，收取费用的多少就不同，风险越大，费用越高。基金管理费的计算公式如下。

每日计提的管理费 ＝（前一日基金资产净值 × 管理费年费率）／当年天数

通常，股票基金每年的基金管理费为 1.5%，债券基金为 0.7%，每日计提。

（2）托管费

基金托管费是基金托管人（商业银行或信托投资公司）为基金提供服务而向基金收取的费用。计算公式如下。

每日计提的托管费 ＝（前一日基金资产净值 × 托管费年费率）／当年天数

目前，年托管费在基金资产净值的 0.25% 左右，逐日累计计提，按月支付。

（3）基金服务费

基金的销售服务费主要用于支付销售机构的佣金、基金的营销费用及基金份额持有人服务费等。

销售服务费 ＝（前一日基金资产净值 × 销售费年费率）／当年天数

年费率一般不超过基金资产净值的 1%，具体的费率可见公告所示。但是销售服务费并不是所有基金都收取的，一般来说，只有不需要支付申购费的 C 类基金需要支付这种费用。基金销售服务费每日计算，定期支付。

（4）基金运作费

基金的运作费包括买卖证券的手续费、注册会计师费、审计费、律师费、上市年费、信息披露费、报告的印刷制作费、分红手续费、持有人大会费、开户费和银行汇划手续费等，也就是基金的运作成本，因为年运作费占比较小，所以一般不披露。

以上就是基金定投中可能会涉及的各类费用，投资者对这些费用有一个基本的了解即可，不要求计算。

2.4　基金定投前的准备工作不可少

知道了基金和定投是怎么回事之后就可以正式开始展开基金定投了吗？答案是否定的。想要通过基金定投获得投资收益，就要想办法提高投资的成功率，那么全面、妥善的准备工作少不了。

2.4.1　设置一个合理的定投目标

目标就像是在茫茫大海中前行时的一个方向，能够引导投资者正确前行。很多投资者没有明确的投资目标，抱着能赚就赚、赚多少算多少的心态进入市场投资，这样的投资者往往最后都不会取得较好的投资结果。一个清晰、明确、实际的投资目标，可以帮助我们制订出切实可行的投资计划，使整个投资更顺畅，投资成功概率也更高。

制定的投资目标要注意以下几个问题。

避免不切实际。投资目标需要投资者结合自身的实际情况以及合理的收益预估来客观制定，而非想当然地制定，例如每月定投 500.00 元，一年实现 3.00 万元的投资收益。这种目标就是不切实际、没有指导意义的投资目标。

制定的目标应具体。越是具体的目标，就越能够对投资起到促进作用。这里的具体包括目标期限和目标收益。例如，我的投资目标为3年实现40%左右的投资收益率。

根据不同的投资期限制定不同的投资目标。从投资期限的角度进行划分，投资目标可以分为短期投资目标、中期投资目标和长期投资目标。在实际设置时应该结合具体的期限做具体的设计，例如短期投资目标通常指的是一年以内的消费性目标，例如一次外出旅游的费用。

注意调整投资目标。投资目标设置完成后并不是就万事大吉了，如果外部环境及市场行情发生重大改变，还应该注意调整投资目标。所以，投资者需要结合自身的经济状况、家庭需要，不断调整改变自己的目标。

简单来说，制定投资目标需要解决以下几个问题。

我可以投入多少资金？

我想要投资多少时间？

收益率达到多少合理？

在解决以上问题的过程中，投资者将得到描述投资目标的详细数据，这就是我们需要的投资目标。

2.4.2　梳理自己的财务状况

理财必须是在不影响我们正常生活消费支出的前提下进行的，所以，需要使用闲置资金或闲余资金来做投资。为此，每一位投资者在投资之前都必须梳理自己的财务状况，包括当前的存款有多少、收入情况、结余情况和固定支出包括哪些等。

工薪族可以通过个人或家庭资产负债表、家庭每月收支表来快速了解自己的财务状况。

（1）家庭资产负债表

资产负债表也称为财务状况表，它是反映企业在一定日期内的财务状况的主要会计报表。资产负债表利用会计平衡原则，将合乎会计原则的资产、负债、股东权益等交易科目分为"资产"和"负债及股东权益"两大区块，以特定日期的静态企业情况为基准浓缩成了一张报表。

我们用于梳理个人财务状况的家庭负债表虽然不至于像企业资产负债表那么规范、严谨，但是同样利用会计平衡原则制作得到的家庭负债表可以帮助投资者了解自己真实的财务状况。

如表 2-1 所示为某家庭的家庭资产负债表。

表 2-1 家庭资产负债表

资　产	金额（元）	负　债	金额（元）
现金	10 000.00	信用卡欠款	10 000.00
活期存款	20 000.00	小额消费贷款	
其他流动性资产		其他消费性负债	
流动性资产合计	**30 000.00**	**流动性负债合计**	**10 000.00**
定期存款		金融投资借款	
外币存款		实业投资借款	
股票投资	10 000.00	投资性房地产按揭贷款	
债券投资		其他投资性负债	200 000.00
基金投资	5 000.00	**投资性负债合计**	**200 000.00**
投资性房地产	75 000.00	住房按揭贷款	
保单现金价值	21 000.00	汽车按揭贷款	14 000.00
其他投资性资产		其他自用性负债	
投资性资产合计	**111 000.00**	**自用性负债合计**	**14 000.00**
自用房产	340 000.00	**负债总计**	**224 000.00**

续表

资　　产	金额（元）	负　　债	金额（元）
自用汽车	30 000.00		
其他自用性资产	13 200.00		
自用性资产合计	**383 200.00**		
资产总计	**524 200.00**		

通过上表可以看到，以表格方式进行梳理，投资者可以快速了解家庭实际的资产、负债情况，进而得到合理的用于投资的资金，避免出现借款投资、资金周转不灵的情况。

（2）家庭收支表

家庭收支表是家庭理财中尤其重要的一环，表格通过"收入"和"支出"将当期的收入与开支情况清晰展示，然后通过"收入－支出＝结余"即可快速了解当期的结余水平或赤字状况。如表2-2所示为某家庭某月的收支表。

表2-2　月收支表

序　　号	发生日期	收支摘要	收入金额（元）	支出金额（元）	余额（元）
		上月余额			2 320.00
1	3月1日	工资收入	6 500.00		8 820.00
2	3月2日	房租		1 200.00	7 620.00
3	3月3日	日常生活		200.00	-7 420.00
4	3月4日	学习用品		20.00	7 400.00
5	3月5日	项目奖金	2 000.00		9 400.00
6	3月6日	日常生活		200.00	9 200.00
7	3月7日	购买服装		1 500.00	7 700.00
8	3月9日	水电气费		300.00	7 400.00

续表

序　　号	发生日期	收支摘要	收入金额（元）	支出金额（元）	余额（元）
9	3 月 10 日	日常生活		200.00	7 200.00
10	3 月 11 日	人情往来		800.00	6 400.00
11	3 月 13 日	教育支出		400.00	6 000.00
12	3 月 15 日	日常生活		200.00	5 800.00
13	3 月 18 日	汽车加油		300.00	5 500.00
14	3 月 20 日	日常生活		200.00	5 300.00
15	3 月 23 日	日常生活		220.00	5 080.00
16	3 月 26 日	日常生活		170.00	4 910.00
17	3 月 29 日	日常生活		300.00	4 610.00

通过上述收支表，不仅可以快速了解自己的工资去向、家庭主要开销，还能够帮助自己了解是否存在不必要的多余开销，进而起到节省开支的作用。

2.4.3　每周定投还是每月定投

基金定投的频率是基金定投设置中的重要内容，可以每日定投、每周定投及每月定投。设置好定投的频率后系统到时间会自动扣款，不需要投资者自己手动操作。

那么，投资者的定投频率应该如何设置比较好呢？通常情况下，很少有人设置为每日定投，一来是比较烦琐、不方便，二来每日扣款也会给投资者带来一定的经济负担。所以，大部分投资者会在每周定投还是每月定投之中纠结。

从理论上来看，投资者设置的定投频率越高，定投间隔时间越短，成本就越平均，未来的收益也就更平均。如果投资者设置的定投间隔时间较长，频率较低，成本平均的效果也就越小。但实际上真的是这样吗？下面通过一个具体的实例来进行说明。

实例分析
基金每周定投与每月定投的比较

假设某投资者每周定投和每月定投博时沪深300指数A基金，每月定投时每次投入2 000.00元，每周定投时每次投入500.00元，我们来看看两种定投方式下的收益比较。

两种投资方式都从2016年1月1日起投，结束日期为2022年1月3日，赎回日期为2022年1月4日，那么两种定投方式的收益计算分别如下。

（1）周定投

投资者按照每周定投的频率展开基金定投，从2016年1月1日起至2022年1月3日结束，投资收益结果如图2-4所示。

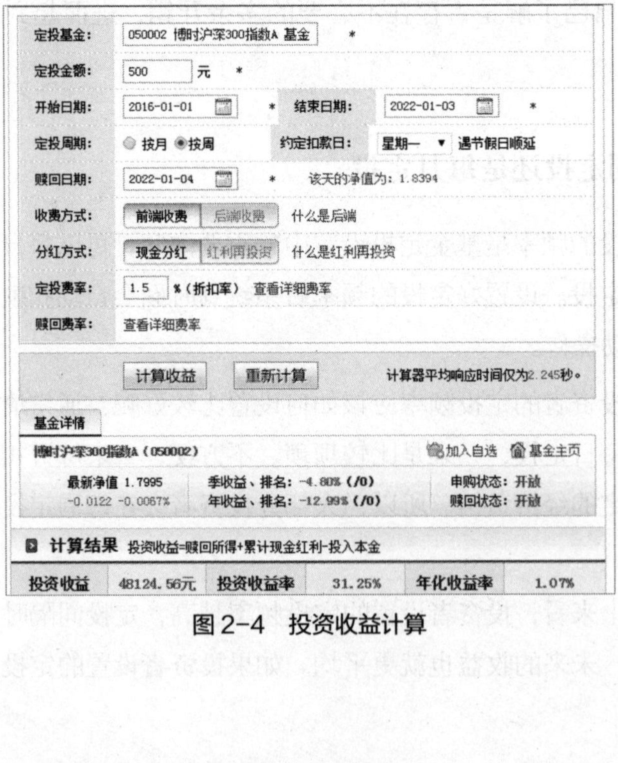

图2-4 投资收益计算

在周定投的投资方式下，投资者扣款次数为 308 次，投入本金总额为 154 000.00 元，累计取得份额为 108 521.18 份，平均成本 1.4188 元，最后取得的投资收益为 48 124.56 元，投资收益率为 31.25%。

（2）月定投

投资者按照每月定投的频率展开基金定投，从 2016 年 1 月 1 日起至 2022 年 1 月 3 日结束，投资收益结果如图 2-5 所示。

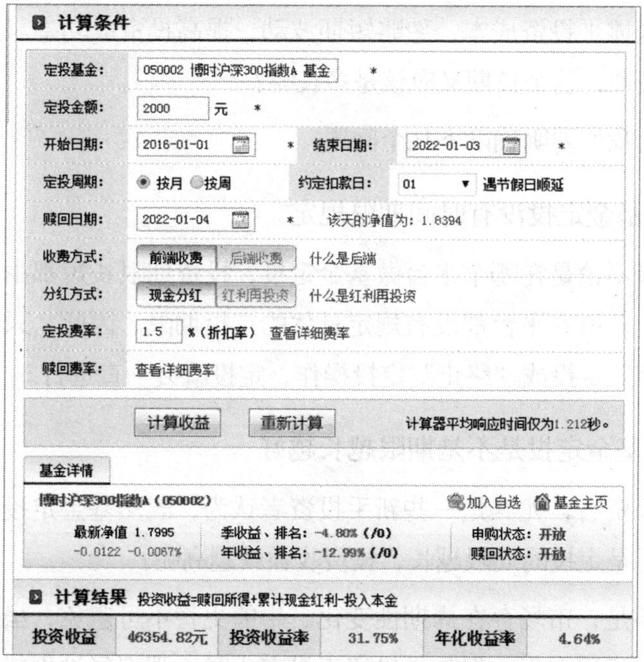

图 2-5　投资收益计算

在月定投的投资方式下，投资者扣款次数为 73 次，投入本金为 146 000.00 元，累计取得的基金份额为 103 265.69 份，平均成本为 1.4135 元，最后取得的投资收益为 46 354.82 元，投资收益率为 31.75%。

每周定投的投资收益率为 31.25%，每月定投的投资收益率为 31.75%，由此可见，每周定投和每月定投的收益率差异并不大。周定投与月定投不管是在时间上还是在周期上，都没有呈现出非常明显的差别。因此，在长期定投中，投资频率的长短与实际投资效果的相关性并不大，投资者不用过度纠结于月定投还是周定投，只要根据自己的投资喜好和资金情况做出选择即可。

2.4.4 基金定投的期限要多久

很多投资者在入市时都听过这样一句话：基金定投适合长期持有，长期定投可以摊平投资成本，忽略短期波动，提高投资成功率。那么，基金定投适合长期，这个长期又应该是多长呢？

对此，我们要明确以下几个问题。

（1）基金定投没有时间期限规定

投资者不论是在哪个平台做基金定投，投资期限长短都由自己的投资计划来决定，所有平台都没有规定具体的定投期限。因此，只要投资者没有做"暂停"定投或"终止"定投操作，定投就会一直进行。

（2）基金定投是不是期限越长越好

很多投资者，尤其是一些新手投资者认为，既然基金定投适合长期持有，那是不是定投的期限越长，投资收益就越高呢？

当然不是，市场存在周期性变化，牛熊更替不可避免，虽然市场从长期趋势上看表现向上，但如果投资者没有止盈，那么经过牛熊市的洗礼之后，投资者的收益也会被拉低。

实例分析
定投富国沪深 300 指数增强 A 基金（100038）

富国沪深 300 指数增强 A 基金成立于 2009 年 12 月 16 日，如果投资者从 2010 年开始每月定投 1 000.00 元，分别投资 1 年、2 年、3 年、4 年、5 年、6 年、7 年、8 年、9 年、10 年、11 年，它们的投资收益结果如表 2-3 所示。

表 2-3　投资收益结果比较

投资期限	投资收益（单位：元）	投资收益率（％）	年化收益率（％）
1 年	553.94	4.26	3.93
2 年	−4 246.88	−16.99	−8.55
3 年	−506.45	−1.37	−0.45
4 年	−4 406.18	−8.99	−2.28
5 年	28 631.43	46.94	7.86
6 年	37 001.12	50.69	6.97
7 年	40 746.52	47.94	5.68
8 年	77 877.83	80.29	7.56
9 年	43 372.14	39.79	3.76
10 年	101 877.77	84.20	6.25
11 年	146 502.58	110.15	6.93

　　从上面的投资收益结果可以看到，基金定投的投资收益率并没有根据投资期限的逐渐拉长而呈现出逐渐增大的结果。定投 1 年的投资收益率高于定投 2 年、3 年、4 年的投资收益率；定投 6 年的投资收益率高于定投 7 年、9 年的投资收益率。

　　这是为什么呢？其实，基金定投收益率的高低主要与市场行情密切相关，当市场处于熊市时，基金定投收益率必然降低；当市场处于牛市时，基金定投收益必然升高。

　　如图 2-6 所示为上证指数 2010 年至 2021 年的日 K 线走势图。

　　从图中可以看到，市场在 2010 年 8 月至 2014 年 8 月都表现为熊市行情，跌至 2 000 点附近，随后转入牛市行情中，指数向上直线飙升，呈现出陡峭的山峰，最高上涨至 5 000 点上方，所以，这一阶段内基金投资收益率向上飙升，但很快又再次转入熊市行情之中。

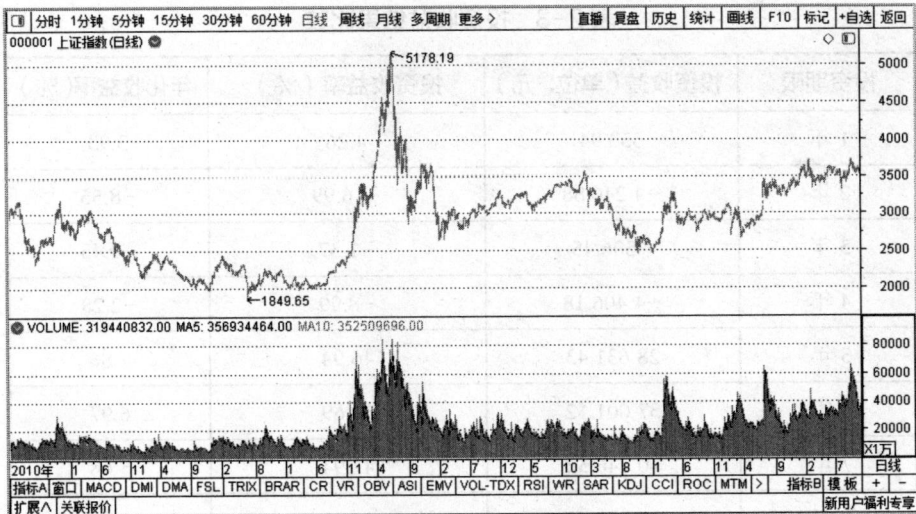

图 2-6　上证指数 2010 年至 2021 年的日 K 线走势图

由此可知，市场每段牛熊周期的时长通常为 3～6 年，这给投资者提供了一个适合的投资时长参考，投资者做基金定投的时间期限在 3～6 年比较合适。

2.4.5　计算每月定投的金额

刚开始做基金定投时，很多投资者对于定投的金额会比较纠结，不知道每次定投多少资金合适。如果设置的定投金额较大，可能会给自己带来较重的经济负担；另外，一旦生活遭遇意外开支，就难以保证定投能否继续。如果设置的定投金额较小，投资的效果也就不明显了，也很难完成投资目标。

因为每个人的收入情况、生活开销情况都不同，所以，我们无法直接给出一个具体的定投金额，但是可以通过一些方法来计算出适合自己的每个月合理的定投金额。

计算每月定投金额的方法主要有以下两个。

（1）根据投资目标来确定

每一个投资者在理财投资之前都会有一个大概的投资目标，例如定投 5 年实现 20.00 万元资产，然后投资者可以对这一目标进行计算划分，看看 5 年 60 个月中每个月应该定投多少钱才能完成目标。这样倒推的方式，能够让每月的定投金额更精准，投资目标也能更实际、更具体。

以 5 年定投资产达到 20.00 万元为例，假设基金定投回报率为 10%，那么，投资者每月应该投入的资金是多少呢？

此时我们需要用到 PMT 函数，即年金函数，基于固定利率及等额分期付款方式，返回贷款的每期付款额，具体操作方法如下。

实例分析

利用 PMT 函数计算定投金额

例如，某投资者设定了一个 5 年期 200 000.00 元的定投目标，如果以年回报率 10% 来进行计算，那么每月应定投多少钱？

打开 Excel，建立空白表格并在表格中输入基本的数据信息，选择月定投金额后的单元格，单击"公式"选项卡，选择"财务 /PMT"函数，如图 2-7 所示。

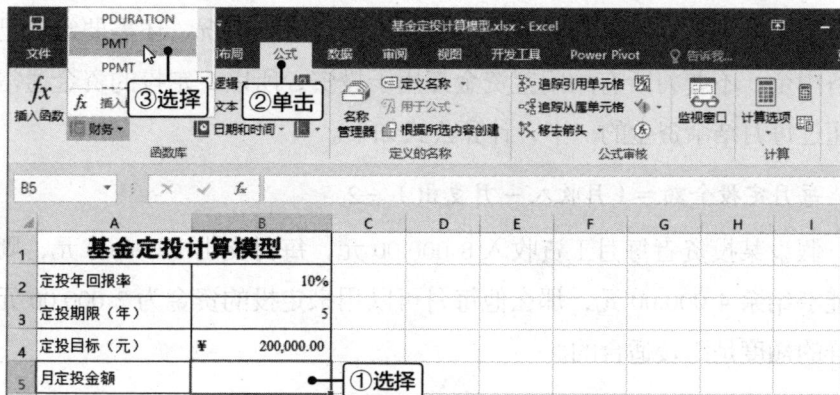

图 2-7 使用"PMT"函数

打开函数参数对话框，输入参数，单击"确定"按钮，如图2-8所示。

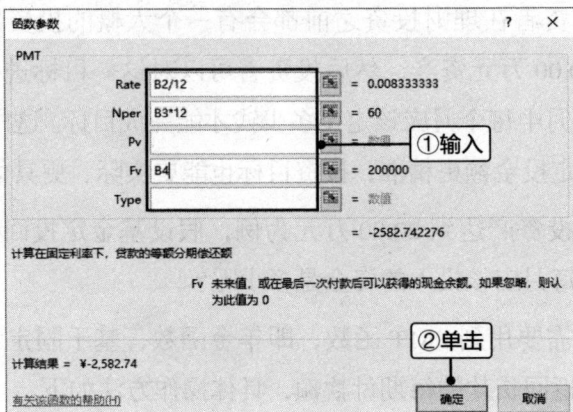

图 2-8　PMT 函数计算

根据计算结果，投资者每月大约定投2 582.74元，基本能实现投资目标。

（2）根据闲置资金计算

理财投资中我们反复强调需要用闲置的资金进行投资，这样即便投资失败也不会对正常生活造成影响，所以，用来定投的资金也需是长期不用的闲置资金。

对于普通的工薪族来说，一般没有大额的闲置资金，且闲置资金通常来源于工资收入。为了应对生活中可能出现的意外情况，还需要给自己留足备用金，不要将所有的闲置资金都用于投资，所以，定投的资金通常不要超过每月结余资金的一半，计算公式如下。

每月定投金额 =（月收入 – 月支出）÷ 2

假设某投资者每月工资收入8 000.00元，每月支出4 000.00元，则每月能够结余4 000.00元，那么他每月可以用来定投的资金为2 000.00元。这样的额度是比较适合的。

第 3 章

/ 筛选优质基金，是投资成功的一半 /

理财投资中最重要、最关键的一环就是投资对象，在基金定投中也是如此。基金市场中的基金数量成百上千，如何从其中选出真正优质、有潜力、有发展前景的基金是投资的关键，一旦找到，投资者的投资也就成功了一半。

- 选择适合做定投的基金类型
- 优选成长型的基金产品
- 选择波动率大的基金
- 通过基金公司选择基金
- 通过基金评级选择基金

3.1 什么样的基金更适合做定投

市场中的基金有很多，除了数量多外，种类也很多，例如货币基金、债券基金、股票基金及混合基金等。需要注意的是，并不是所有的基金都适合做定投，投资者首先需要明确适合做基金定投的基金类型。

3.1.1 选择适合做定投的基金类型

市场上的基金类型有很多，大家比较熟悉的还是按照投资对象的不同进行划分的，分为货币基金、债券基金、股票基金、混合基金及一些特殊基金。这些基金并不是都适合做基金定投，下面来具体看看。

（1）货币基金

货币基金的投资对象主要是央行票据、银行定期存款、商业本票和承兑汇票等安全性较高的短期金融工具。所以，货币基金安全性非常高，基金净值走势也比较稳定，呈现出稳定的持续上涨，几乎没有任何波动。

这样的波动特点比较适合保守型的投资者，因为投资者可以在保证本金安全的前提下获取一定的投资收益。但是，基金这样的走势特点并不适合基金定投，因为基金定投的特点是通过多次频繁投入，摊薄买进成本，分散投资风险。这一特点在货币基金中并不适用，因为货币基金走势稳定，呈小幅上升，更适合一次性投资。

（2）债券基金

债券基金指的是基金中 80% 及以上资金的投资对象为国债、金融债和企业债等固定收益类金融工具的基金。债券基金相较于前面介绍的货币基金，它的潜在风险较大，收益率也较高。

同样的，因为债券基金的主要投资对象为债券这样的固定收益类金融工具，所以使得债券基金走势稳定，波动幅度较小，基金定投分散风险和摊薄成本的作用微乎其微，因此，债券基金也更适合一次性投入，而非基金定投。

（3）股票基金

股票基金指的是基金中 80% 及以上资产投资于股票市场的基金。因为股票基金的投资对象主要是股票这种波动大、风险高的产品，所以，股票基金的潜在收益率和风险也更大，基金净值走势波动幅度也更大。

这种高波动、高涨幅的走势非常适合基金定投这种投资方式，可以通过长期定投、多次买进的方式摊薄成本、分散风险，提高投资获胜率。所以，股票基金是比较适合做基金定投的基金类型。

（4）混合基金

混合基金从名字上便可以理解，它是指基金投资中既有成长型股票、收益型股票，又有债券等固定收益投资工具的基金。根据股票和债券的投资比例不同，又可以将其分为偏债型混合基金和偏股型混合基金。

这类基金的风险和潜在收益都比较居中，在基金定投的过程中，投资者应该选择偏股混合型基金，这样基金的波动性更高，也就更能发挥出基金定投的优势。

综上所述，可以看出在上述 4 种基金类型中，货币基金和债券基金并不适合做定投，更适合做一次性投入，而股票型基金和偏股混合型基金则比较适合做定投。

3.1.2　优选成长型的基金产品

做定投应优选成长型的基金产品，投资更稳健，投资风险也更低，但是投资者在选择成长型基金之前，需要对"成长型基金"有一定了解，究竟什么是成长型基金呢？

实际上，根据不同的投资风格，可将股票基金分为成长型股票基金、价值型股票基金和平衡型股票基金，如图 3-1 所示。

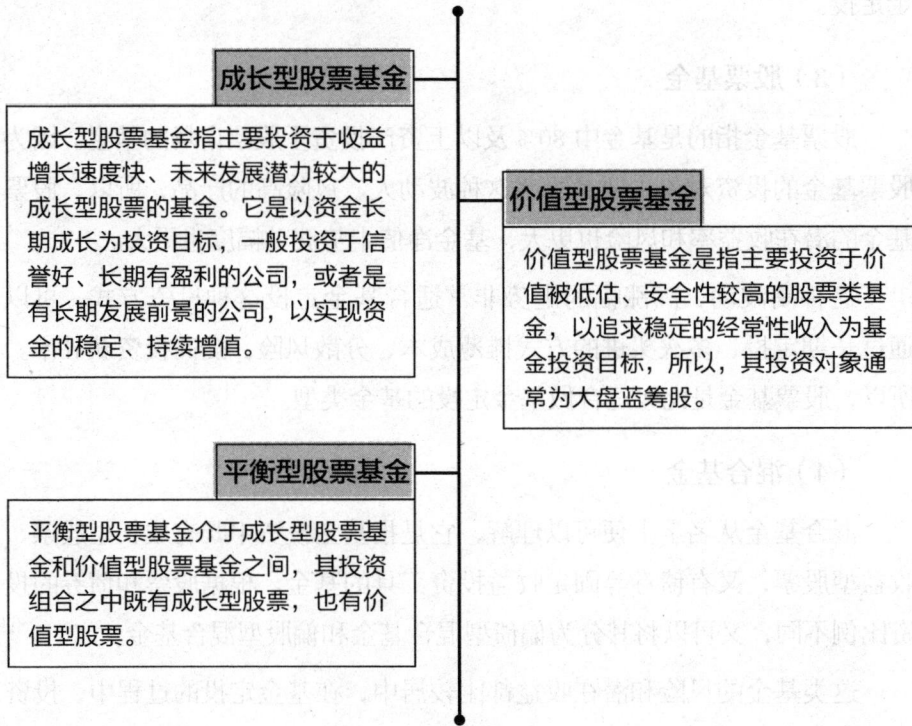

成长型股票基金

成长型股票基金指主要投资于收益增长速度快、未来发展潜力较大的成长型股票的基金。它是以资金长期成长为投资目标，一般投资于信誉好、长期有盈利的公司，或者是有长期发展前景的公司，以实现资金的稳定、持续增值。

价值型股票基金

价值型股票基金是指主要投资于价值被低估、安全性较高的股票类基金，以追求稳定的经常性收入为基金投资目标，所以，其投资对象通常为大盘蓝筹股。

平衡型股票基金

平衡型股票基金介于成长型股票基金和价值型股票基金之间，其投资组合之中既有成长型股票，也有价值型股票。

图 3-1　股票基金的 3 种类型

从上图可以看到，3 种不同类型的股票基金的投资对象不同，投资风格也不同，对应的投资收益和风险也不同。成长型股票基金收益性和风险性明显高于价值型股票基金和平衡型股票基金，其中，价值型股票基金的风险相对更低。

那为什么说成长型股票基金更适合定投呢？

基金定投最大的魅力在于通过频繁的分期投入，平摊投资成本、分散投资风险。在这样的情况下，投资者应该选择波动大的基金，以达到平摊风险的目的。所以，从波动性来看，在这 3 种类型的股票基金中，成长型股票基金是定投的最优选择。

3.1.3　选择波动率大的基金

在选择定投的基金时，除了可以从基金类型中进行选择外，还可以从波动率的角度来筛选。

波动率也被称为"标准差"，它是用来反映基金回报率波动幅度的一个指标，也就是说，过去一段时间内，基金每个月的收益率相对于月平均收益率的偏差幅度。波动率越大，说明该基金随着市场的变动涨跌越剧烈，风险也越大；波动率越小，说明该基金随着市场的变动涨跌越稳定，风险也越小。

例如，基金 A 和基金 B 在同样的 5 个月时间内收益率相同，但是基金 A 波动率明显大于基金 B。如图 3-2 所示，基金 A 在这一期间震荡向上，波动幅度较大，而基金 B 则稳定向上攀升，波动幅度较小。

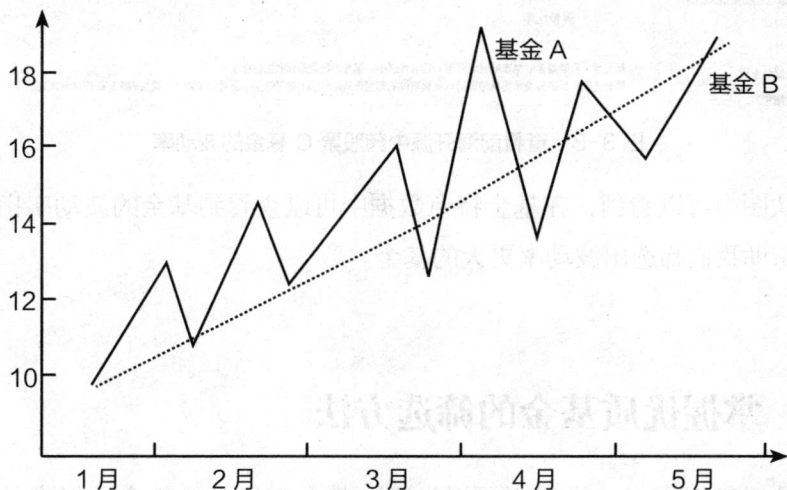

图 3-2　基金波动情况

从图中可以看到，虽然两只基金的收益率相同，但是基金 A 的波动率明显大于基金 B，基金 B 的基金净值呈稳定上升。在这样的两只基金中，如果投资者选择基金 B，则更适合做一次性投资，收益更高；如果做基金定投，基金 A 更适合，多次投资平摊投资成本，降低投资风险。

在实际的投资中，可直接借助波动率指标来判断基金的波动情况，选择波动率更大的基金。如今，市面上很多基金平台在介绍基金详情信息时都会向投资者公布基金的波动率情况，如图 3-3 所示为天天基金网中前海开源中药股票 C（005506）基金的波动率指标。

图 3-3　查看前海开源中药股票 C 基金的波动率

从图中可以看到，在基金特色数据中可以查看到基金的波动率指标，从而帮助我们筛选出波动率更大的基金。

3.2　掌握优质基金的筛选方法

熟悉基金市场的投资者可以发现，基金市场中的基金不仅产品类型丰富，而且数量也非常多。对于投资者而言，除了需要了解适合定投的基金类型外，还要知道如何在众多基金产品中选出真正优质的、有潜力的基金。

3.2.1 通过基金公司选择基金

一只基金是由基金管理公司直接进行管理的，所以，基金管理公司的管理水平高低将直接影响到基金的业绩表现。因此，投资者有必要从众多基金管理公司中选择一个信誉卓越、值得信赖的基金公司。一个优质的基金公司应该具备以下几个基本条件，如图 3-4 所示。

雄厚的经济实力

基金公司如果拥有雄厚的经济实力，就可以获得一个比较好的发展机会，为投资者提供更全面优质的服务。

完善的组织结构

完善的组织结构对任何公司来说都是非常重要的，对于基金公司来说更是如此，完善的组织结构可以使分工更明确，运作更顺畅，从而减少不必要的个人失误。

良好的信誉

信誉良好、无违规记录的基金公司当然更值得投资人信赖。如果基金公司有违规惩罚记录，那么投资人就应谨慎，进一步考虑是否投资。

产品种类丰富

如果一个基金公司能够提供种类更丰富的基金产品，给投资者更多的选择，那么投资者自然更愿意选择这样的基金公司。

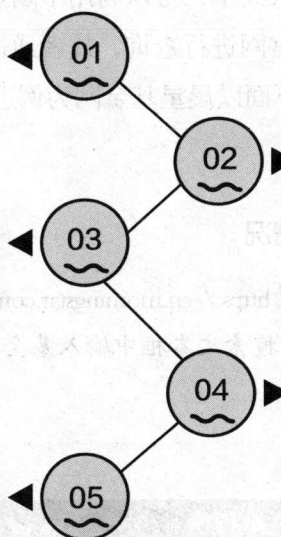

服务质量

基金投资人也是消费者，如果基金公司能够提供更完善的服务，维护客户的基本权益，那么这样的公司更值得选择。

图 3-4 优质基金公司应该具备的条件

以上几点可以作为筛选基金公司时的依据，经过这样细致、全面的筛选，相信投资者一定能够筛选出一个真正优质、实力雄厚的基金管理公司。

3.2.2 通过基金评级选择基金

基金评级实际上指的是对基金的评价，一般评级为 1 星～5 星，基金获得的星数越多，就说明市场对该只基金的评价越高。但是，这里的评价者并非市场中的普通投资者，而是经过基金业协会批准的、专业的持牌基金评价机构。

目前主要有 10 家基金评价机构，其中定期做出评级结果输出的基金机构有 7 家，包括上海证券、海通证券、晨星中国、天相投顾、济安金信、招商证券及银河证券。通常每个季度各个基金评价机构便会公布一次基金评级结果，其中银河证券和晨星中国的评级结果是投资者使用较多的。

查询基金评级的方法很简单，可以利用中国基金业协会网站查询，也可以进入各基金评价机构官网进行查询，或者通过基金第三方销售平台查询，例如天天基金网等。下面以晨星基金网为例进行介绍。

实例分析
晨星基金网查看基金评级情况

打开晨星基金网官网（https://cn.morningstar.com/），进入首页，注册登录会员账号。在首页右上角搜索文本框中输入基金代码，再单击基金名称超链接，如图 3-5 所示。

图 3-5　单击基金名称超链接

进入基金信息详情页面，在该页面中可以直观地看到该基金的评级情况，如图 3-6 所示。可以看到，嘉实物流产业股票 A（003298）基金的评级为 5 星。

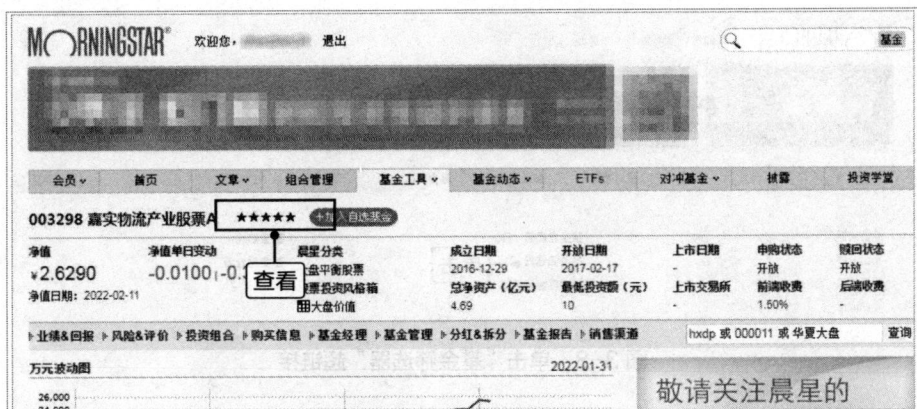

图 3-6　查看基金评级

除了查询单一的基金评级情况外，还可以直接快速筛选高评级的基金，过滤掉一些劣质的基金。在晨星基金网首页单击"基金工具"选项卡，如图 3-7 所示。

图 3-7　单击"基金工具"选项卡

进入"基金工具"页面中，在该页面单击"基金筛选器"超链接，如图 3-8 所示。

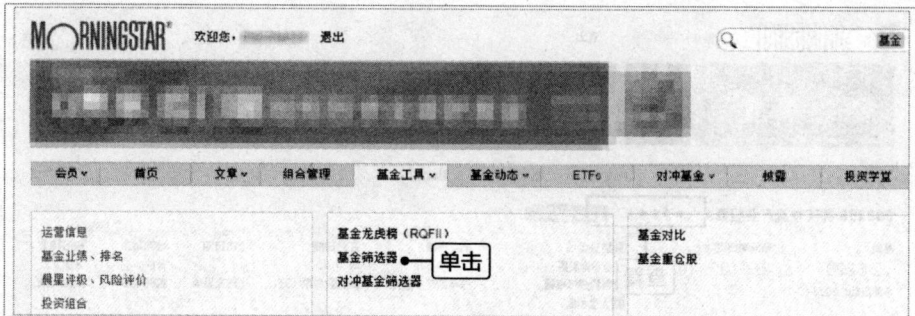

图 3-8　单击"基金筛选器"超链接

进入基金筛选页面，在该页面中设置基金筛选条件，这里选中三年评级和五年评级后的"3星以上（包括3星）"复选框，然后单击下方"查询"按钮，如图 3-9 所示。

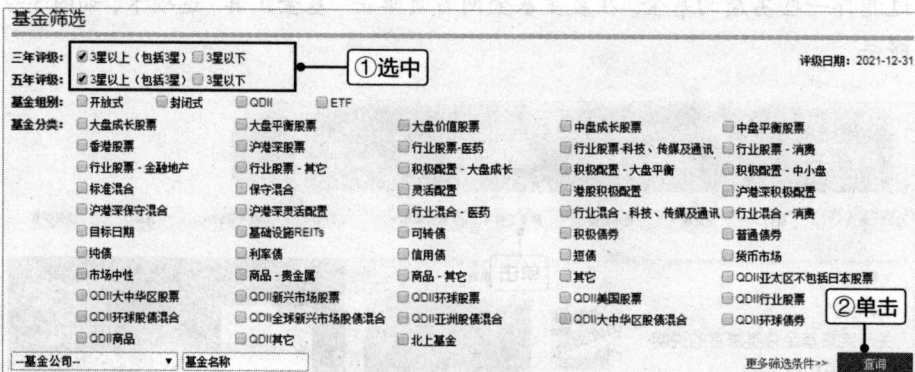

图 3-9　设置筛选条件

随后页面下方出现满足筛选条件的基金名称列表，如图 3-10 所示，用户可以直接查看。

图 3-10　查看基金筛选结果

需要注意的是，基金评级是以基金过去一段时间的表现作为基础进行评价的，所以，评级的结果只能反映基金过去的业绩，并不能对将来的基金获利情况进行保证。也就是说，即便投资者现在选择了一只评级 5 星、表现优异的基金，也不能绝对保证该只基金未来一定能够超过目前评级比它低的基金。

那么是不是基金评级就没有意义了呢？当然不是，过去长时间业绩表现优秀的基金，说明其管理良好，投资策略较好，相较于评级较差的基金，其未来获利的可能性更高。所以，仍然可以利用基金评级来筛选基金。

3.2.3　通过基金年报选择基金

熟悉股票市场的投资者一般都知道年报，通过年报投，资者可以了解到过去一年上市公司的经营情况。与上市公司相同，基金也有年报，也可以利用年报了解到过去一年基金的运作情况。

很多投资者对基金年报的关注度不高，但其实基金年报是非常重要的投资资料，它是我们全方位审视一只基金是否值得投资最关键、最真实、最便捷的工具。

基金年报指的是基金过去一年的报告，除了年报外，基金一年一共要出 6 次定期报告，且报告披露的时间也是由证监会统一要求的。

◆ **基金季报**：基金季报是基金各个季度运营情况的报告，一年出 4 次，每季度结束之日起 15 个工作日内披露。

◆ **基金半年报**：基金半年报是当年基金半年内运营情况的报告，一年出两次，上半年报告在上半年结束之日起 60 日内披露，即 8 月底。下半年报告在下半年结束之日起 90 日内披露，即次年 3 月底。

看基金年报首先要知道基金年报在哪里看。一般来说，在基金公司官网、证监会指定信息披露媒体及中国证监会官网等，都可以查看到基金年报。如图 3-11 所示为天天基金网基金档案页面，在基金公告中即可查看基金年报。

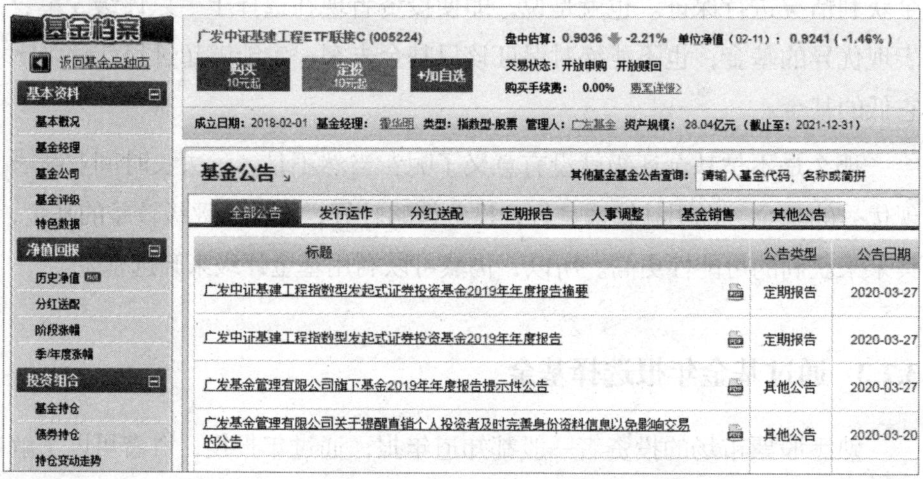

图 3-11　查询基金年报

任意打开一份基金年报就可以发现，基金年报内容丰富，洋洋洒洒几万字的内容，几十页的篇幅，除了一些专业的投资者能够看懂外，大部分投资者都无法看明白。那是不是作为业余投资者的我们就不适合看基金年报了呢？

答案是否定的。对于一般投资者而言，只需要查看基金年报中对投资有重要影响的关键信息。根据相关规定，基金年报的格式是有统一模板的，包括 13 个部分的内容：①重要提示及目录；②基金简介；③主要财务指标、基金净值表现及利润分配情况；④管理人报告；⑤托管人报告；⑥审计报告；⑦年度财务报表；⑧投资组合报告；⑨基金份额持有人信息；⑩开放式基金份额变动；⑪重要事件揭示；⑫影响投资者决策的其他重要信息；⑬备查文件目录。

在这 13 个部分中，首先需要看的是第三部分，主要财务指标、基金净值表现及利润分配情况。通过这些财务指标我们能够快速了解到这只基金这一年赚钱了没有？如图 3-12 所示为富国中证煤炭指数分级证券投资基金 2020 年年度报告中关于主要财务指标、基金净值表现及利润分配情况的内容。

3.1.1 期间数据和指标	2020 年	2019 年	2018 年
本期已实现收益	7,559,604.05	-16,264,007.83	-45,182,518.03
本期利润	50,142,577.46	82,792,226.54	-156,983,525.87
加权平均基金份额本期利润	0.1673	0.3129	-0.3157
本期加权平均净值利润率	18.45%	33.74%	-32.10%
本期基金份额净值增长率	15.42%	23.26%	-30.84%
3.1.2 期末数据和指标	2020 年 12 月 31 日	2019 年 12 月 31 日	2018 年 12 月 31 日
期末可供分配利润	-205,480,630.23	-160,156,055.08	-372,310,479.04
期末可供分配基金份额利润	-0.4939	-0.5299	-0.7341
期末基金资产净值	441,833,874.40	286,463,614.27	403,790,723.34
期末基金份额净值	1.062	0.948	0.791
3.1.3 累计期末指标	2020 年 12 月 31 日	2019 年 12 月 31 日	2018 年 12 月 31 日
基金份额累计净值增长率	-26.01%	-35.89%	-47.99%

图 3-12 基金主要财务指标情况

当我们看到这部分内容时只需要重点关注图中框选出的几个指标。本期利润指的是这只基金在这一年中的表现情况，即是否盈利或者出现亏损；本期基金份额净值增长率指的是基金收益率；期末可供分配基金份额利润指的是基金每份份额分红的上限；期末基金资产净值指的是这只基金资产规模大小。

另外，还需要查看基金净值表现情况，如图 3-13 所示。

3.2.1 基金份额净值增长率及其与同期业绩比较基准收益率的比较						
阶段	份额净值增长率①	份额净值增长率标准差②	业绩比较基准收益率③	业绩比较基准收益率标准差④	①－③	②－④
过去三个月	18.03%	2.09%	18.48%	2.13%	-0.45%	-0.04%
过去六个月	34.92%	2.00%	30.35%	2.05%	4.57%	-0.05%
过去一年	15.42%	1.76%	7.28%	1.73%	8.14%	-0.06%
过去三年	-1.61%	1.63%	-20.98%	1.65%	19.37%	-0.02%
过去五年	13.88%	1.69%	-9.32%	1.73%	23.20%	-0.04%
自基金合同生效起至今	-26.01%	1.83%	-42.24%	1.94%	16.23%	-0.11%

图 3-13 基金净值表现

通过对这部分内容的查看，可以了解到这只基金过去 3 个月、6 个月、

1年、3年、5年及成立至今的收益率情况。份额净值增长率标准差反映了基金净值的波动情况。标准差越低，代表基金的表现越稳定，波动越小，反之表现越不稳定，波动率越大。而业绩比较基准收益率标准差则是基金收益率和它的业绩比较基准的对比，这个值越大，表明基金表现大幅超越市场。

其次还需要查看第四部分管理人报告。这部分内容主要包括报告期内基金的投资策略和运作分析，管理人对宏观经济、证券市场以及行业走势的分析。阅读这部分内容投资者可以对基金经理的投资理念和决策有所了解。投资基金实际上是投资基金管理人，如果投资者认同基金管理人的投资理念，自然也会坚定跟随基金管理人的投资决策。

然后是第八部分投资组合报告，在这部分内容中投资者可以清晰地了解到期末基金资产组合投资情况，股票、债券各自的资产仓位是多少？其中股票投资各个行业的占比情况及重仓股是哪些？此外，投资者还可以比较各个季度的重仓股，看看基金经理的调仓频繁度。通过这一部分可以了解基金经理的投资风格及投资眼光。

最后，投资者还可以查看第九部分基金份额持有人信息，了解这只基金的持有人数量情况，是机构投资者多，还是个人投资者多。如果机构投资者占比较大，说明这只基金受到了专业投资者的关注，有发展潜力，但是基金规模可能不太稳定，存在机构赎回的风险。

总的来说，尽管基金年报的内容较多，阅读起来比较枯燥，但是如果投资者学会抓住重点内容，也可以几分钟快速看完一份基金年报，从而筛选出真正适合自己的、有潜力的基金。

3.2.4 根据基金的历史业绩选择基金

基金的历史业绩是基金过去一段时间的业绩表现，也是我们筛选基金的一个重要参考因素。但是，在此之前要明确一点，即懂得客观看待基金的历史业绩，即便基金某一段时间业绩表现特别优异，也不一定是好基金。换句话说，2021 年表现优秀的基金在 2022 年表现不一定会优秀，有可能是这个基金经理的投资风格刚好契合了当时的市场运行方向，所以，基金在那一段时间业绩表现良好，一旦市场运行方向发生改变，基金的业绩可能也就不容乐观了。

那么是不是基金历史业绩就没有意义了呢？当然不是。历史业绩的实际参考意义在于可以帮助投资者分析该基金的业绩是否具有可持续性，以及在同样的市场环境下，是否明显优于其他同类基金。简单来说，历史业绩可以帮助投资者评估基金经理的投资水平，找寻同类基金中的优质基金。因此，基金的历史业绩在基金选择时也具有重要参考意义。

但是，很多投资者并不懂如何真正地去看基金的历史业绩。我们在查看基金历史业绩时可以发现，基金的业绩并不是单一的业绩展现，通常一只基金的历史业绩包括多个不同时段的业绩表现。以天天基金网为例，基金的历史业绩包括阶段涨幅、季度涨幅和年度涨幅，如图 3-14 ～图 3-16 所示。

阶段涨幅　季度涨幅　年度涨幅　下载天天基金手机版，随时查看阶段涨幅　截止至 2022-02-14　更多>

	近1周	近1月	近3月	近6月	今年来	近1年	近2年	近3年
阶段涨幅	2.04%	-2.37%	2.96%	9.79%	-4.97%	6.10%	52.89%	--
同类平均	0.49%	-5.02%	-7.56%	-8.16%	-8.29%	-8.45%	29.42%	62.00%
沪深300	-1.78%	-3.70%	-6.89%	-7.97%	-7.87%	-21.63%	14.14%	33.79%
跟踪标的	2.19%	-2.29%	3.98%	11.94%	-4.94%	8.15%	59.96%	109.22%
同类排名	225 | 1871	514 | 1835	180 | 1698	48 | 1509	448 | 1821	238 | 1228	103 | 969	-- | 697
四分位排名	优秀	良好	优秀	优秀	优秀	优秀	优秀	--

图 3-14　阶段涨幅

阶段涨幅　季度涨幅　年度涨幅　下载天天基金手机版，随时查看阶段涨幅　截止至 2021-12-31　更多>

	21年4季度	21年3季度	21年2季度	21年1季度	20年4季度	20年3季度	20年2季度	20年1季度
阶段涨幅	12.09%	-3.48%	11.81%	-8.45%	8.83%	11.34%	15.56%	1.01%
同类平均	2.05%	-1.93%	9.40%	-2.17%	9.82%	10.14%	15.42%	-5.67%
沪深300	1.52%	-6.85%	3.48%	-3.13%	13.60%	10.17%	12.96%	-10.02%
跟踪标的	13.80%	-3.46%	10.78%	-8.71%	9.01%	12.11%	14.44%	4.52%
同类排名	84 | 1688	642 | 1462	360 | 1326	1081 | 1251	654 | 1179	459 | 1160	486 | 1067	152 | 1028
四分位排名	优秀	良好	良好	不佳	一般	良好	良好	优秀

图 3-15　季度涨幅

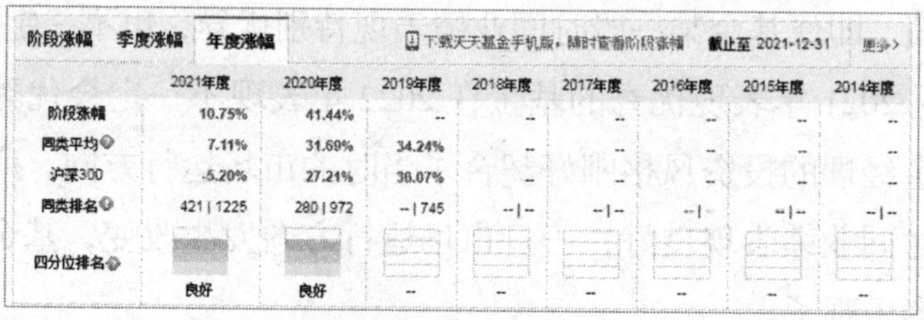

阶段涨幅　季度涨幅　年度涨幅　下载天天基金手机版，随时查看阶段涨幅　截止至 2021-12-31　更多>

	2021年度	2020年度	2019年度	2018年度	2017年度	2016年度	2015年度	2014年度
阶段涨幅	10.75%	41.44%	--	--	--	--	--	--
同类平均	7.11%	31.69%	34.24%	--	--	--	--	--
沪深300	-5.20%	27.21%	36.07%	--	--	--	--	--
同类排名	421 | 1225	280 | 972	-- | 745	-- | --	-- | --	-- | --	-- | --	-- | --
四分位排名	良好	良好	--	--	--	--	--	--

图 3-16　年度涨幅

其中，阶段涨幅包括近 1 周、近 1 月、近 3 月、近 6 月、今年来、近 1 年、近 2 年和近 3 年的数据，主要是短期收益；而季度涨幅和年度涨幅代表了中长期涨幅情况。我们在查看时除了需要查看短期业绩表现外，更多的应该查看基金的中长期业绩表现，因为基金的短期业绩表现偶然性较强，可能会失真，并不能真正看出基金的优劣。

另外，在查看基金业绩时可以发现，除了基金的涨幅情况外，基金平台往往还会提供同类平均业绩表现、沪深 300 大盘业绩表现、跟踪标的业绩表现、同类排名及四分位排名信息。这就要求我们在查看基金的历史业绩时还要注意横向对比。与同类基金对比，可以帮助投资者在同类基金中找到真正的优质基金；与大盘指数对比，可以了解基金的业绩水平受到市场周期影响的波动情况；与跟踪标的对比，主要是针对被动型基金，通常基金追踪指数越紧，说明基金经理的实力越强。

综上所述，投资者利用历史业绩筛选基金时绝对不是简单地根据历史业绩排行选择靠前的基金，而是分析基金的历史业绩情况，了解基金的运作情况，寻找到真正优秀、有发展潜力的基金。

3.3　指数基金做定投更稳健

指数基金是比较特殊的一类股票型基金，也是众多开展基金定投的投资者的首选。因为相较于一般的股票型基金，指数基金做定投风险更低，投资更稳健。

3.3.1　什么是指数及指数基金

指数基金也被称为被动型股票基金，在开展指数基金定投之前，需要正确理解"指数"和"指数基金"这两个概念。指数指的是按照某个规则挑选出的一篮子股票，而指数基金是按照指数的规则买入完全相同的一篮子股票。指数基金根据有关股票市场指数的分布投资对应的股票，以达到基金回报率与市场指数的回报率接近。

主动型股票基金的业绩表现情况主要依赖于基金经理的操作，如果基金经理能力较强，那么往往能够获得不错的业绩回报，但如果基金经理的能力较弱，那么基金业绩自然也不高。指数基金则不同，它对基金经理的依赖程度不高，其业绩表现主要取决于指数的表现情况，因为指数基金是一种按照证券价格指数编制原理构建投资组合进行证券投资的一种基金，所以，其运作方法相对简单。指数的编制方法是确定的，因此，指数基金只要在选定指数之后，根据每一种证券在指数中所占的比例购买相应比例的证券，长期持有即可。

这里以沪深 300 指数为例做说明。我们知道 A 股两大交易所，即上交所和深交所，简称为沪市和深市，而沪深 300 指数便是选取沪深两市之中流动性好且市值规模排名前 300 的证券。有了这一指数之后，基金经理便严格按照指数规则将相应的股票挑选到自己的投资组合中，要求组合投资中的股票种类、数量及比例都要尽可能复刻对应的指数，使其走势相同，这就是指数基金。

虽然市场上同一指数跟踪标的的基金有很多，但是各个基金经理的操盘能力和投资经验不同，指数基金的跟踪效果也会出现差异。

除了了解指数和指数基金是怎么回事外，投资者还需要了解常见的股票指数。股票指数的分类规则有很多，比较主流的是将其分为六大类，具体如表 3-1 所示。

表 3-1　股票指数

指数类型	说　明
综合指数	综合指数反映的是整体市场的综合变动情况，用于比较总量指标。例如上证综指和深证综指，分别反映的是上海股票市场价格走势和深圳股票市场价格走势。
行业指数	行业指数是指成分股都属于某一特定行业的指数，典型的有金融行业指数，包括银行、保险和证券，其次是医药指数、消费指数等。
规模指数	规模指数是指根据市值和流动性来选择成分股的指数。代表性的规模指数有上证 50、沪深 300、中证 500 等。
主题指数	主题指数是指成分股来自某一主题的指数。主题指数的内容很丰富，各种类型的主题都有，例如人工智能、新能源汽车等。
风格指数	风格指数是指反映市场上某种特定风格或投资特征的指数。风格指数主要包括两个类型：价值和成长、大盘和小盘，这类指数基金数量和规模均很小，其中最有名的是沪深 300 价值，虽然规模不大，却在市场中很受专业投资者的喜爱。
策略指数	策略指数通常是以普通规模指数为基础池，根据某种选股策略从基础池中优选成分股构成新的指数，期望能获取超越基准规模指数的收益。常见的策略指数如大数据指数、基本面指数和中证 500 低波指数等。

3.3.2　为什么定投要优选指数基金

说到基金定投，很多有经验的投资者都会优先选择指数基金，这是因为相比其他股票型基金来说，指数基金具有以下几个明显的优势。

（1）定投的投资方式更适合指数基金

基金定投是一项长期投资，需要经过长时间的坚持才能看到投资效果，从长期投资的角度来看，股市趋势是上行的，所以，股票指数也必然会上行，以指数为跟踪标的的指数基金肯定也是上行的。因此，在定投这种投资方式下，选择指数基金投资获胜的概率更大。

（2）指数基金更适合新手投资者

基金定投本身就不是一个投资收益最大化的投资方案，它是针对一些不熟悉资本市场、缺乏投资经验、没有时间和精力去找寻市场投资机会的投资者而设计的，其目的是利用频繁、多次买入降低买入时机对投资的影响，从而获得更稳定的投资收益。

这样的投资宗旨与指数基金追求市场平均收益是相同的，指数基金以减小与标的指数的跟踪误差为主要目的进行被动投资，其主要目的是获取市场的平均收益率。这样的投资更稳健，风险也更低。所以，对于一些缺乏投资经验但又想获得市场平均收益的投资者来说，指数基金无疑是很好的一个选择。

（3）人为影响较少，不容易被操纵

指数基金属于被动型股票基金，并不需要基金经理做大量的分析，所以其对基金经理的依赖较小，更不容易被操纵。尽管受到人为影响较大的主动型基金经过基金经理的管理可能会创造出惊人的超额回报，但是如何从众多基金经理中选择真正优秀的基金经理是比较困难的。

而且，主动型基金受到基金经理的影响较大，包括情绪影响、投资风格影响等，难以保持比较稳定的高额收益回报。而在长期性的投资中，想办法使投资保持稳健是非常重要的。

（4）指数基金投资成本更低

指数基金对基金经理的依赖较小，属于被动型投资，所以，相比其他股票型基金，指数基金的费率更低，投资者的投资成本也更低。要知道，基金定投中，投资者的投资操作比较频繁，这样低廉的费率也能为投资者节省不少成本开销。

3.3.3 指数基金如何筛选

尽管我们确定了指数型基金这种股票基金类型，但是在基金市场中指数基金种类非常多，不同类型的指数基金其投资风险和投资收益都是不同的，所以，我们还需要学会如何选择适合自己的指数基金。

选择指数基金其实并不复杂，主要从以下 3 个方面入手。

（1）根据指数的风格筛选

股票指数可以分为 6 种类型，不同类型的指数对应的股票风格也不同，风险也不同。例如，规模指数反映的是不同规模特征股票的整体表现，所以规模指数基金的产品线往往比较丰富，产品的多样性可以满足不同风险偏好投资者的需要。一般来说，大、中盘风格的指数基金长期业绩更为稳定，风险更低，而小盘风格的指数基金潜在的收益及风险更高。

在风格指数中，价值指数基金风险较低，适合风险承受能力不强的投资者；成长指数基金风险较高，适合风险承受能力较高的投资者。而主题指数基金、策略指数基金和行业指数基金都更适合有特定投资偏好或者是对某一投资主题及某一行业有所钻研的投资者。这些指数基金的针对性较强，如果是不了解市场的新手投资者，不建议选择这类指数基金。

（2）根据指数基金的投资策略来选择

除了选择指数基金跟踪的目标指数外，投资者还应考虑是选择普通指数基金还是增强型指数基金。

根据指数基金本身的投资决策风格，可以将指数基金分为纯被动型的普通指数基金和增强型指数基金。普通指数基金就是完全意义上的指数基金，其投资目的并不在于超越指数，而是跟踪并完全复制指数的走势，所以，指数基金与标的指数的走势越接近，就越成功。

但是，由于管理费用及其他各项费用的存在，以及受复制误差和仓位等因素的影响，使得基金单位净值增长率与跟踪指数的增长率之间存在差距，这就产生了跟踪偏离度。因此，投资者如果想要选择纯被动型的指数基金进行投资，可以从跟踪误差指标来进行筛选，选择跟踪误差小的指数基金。

跟踪误差指标通常在指数基金详情中就能查看到，如图 3-17 所示。

图 3-17　查看跟踪误差指标

另一类增强型指数基金则不同，它指的是不完全以复制标的指数走势为目的，而是在实现有效跟踪标的指数的基础上，通过基金经理的投资决策力争实现超越指数的投资收益。

也就是说，增强型指数基金不会完全复制跟踪标的成分股，而是会对部分看好的股票增加权重，对不看好的股票则减少权重，甚至是完全不选。这样的投资理念使得增强型指数基金相比普通指数基金更灵活，风险也更高，当然投资收益也可能更高。相应的，这类指数基金与跟踪标的的跟踪误差也就更大了。

因此，如果是风险承受能力较低、渴望稳健回报的投资者，应该选择纯被动型的普通指数基金，但如果是风险承受能力较强、期望获得超出指数收益的投资者，应该选择增强型指数基金。

（3）根据指数基金的费率来选择

虽然指数基金的费率相比其他股票型基金来说已经非常低了，但是，市场中的指数基金产品众多，许多基金公司都推出了自己的指数基金产品，而不同的基金公司规定的基金费率是不同的，而且不同类型的指数基金它们的费率也是不同的。对于投资者来说，任何投资都是成本越低越好，所以，投资者在选择指数基金时应该有意识地选择费率更低的指数基金。

以上是选择指数基金的 3 个技巧。指数基金的风险比较高，是否赚钱完全看指数的涨跌表现，投资者要充分衡量自己的风险承受能力，选择与自己投资风格相契合的指数基金进行投资。

3.3.4　不会选就首选宽基指数基金

指数基金选择的核心点在于选择指数，但是指数类型较多，各自有不同的特点，很多投资者，尤其是一些新手投资者对指数和指数基金了解不多，往往难以从中选出真正适合自己的指数基金，那么应该怎样去选呢？

对于这一类投资者来说，最简单、有效的就是选择宽基指数基金。根据指数基金背后囊括行业的不同，常常将指数基金分为宽基指数基金与窄基指数基金。顾名思义，宽基指数指的是一个包含许多行业和广泛股票覆盖范围的指数，而窄基指数与其相反，指的是行业单一的指数，也就是行业指数。

要知道宽基指数只有满足了以下两个特定的条件之后，才能被称为宽基指数。

①要求指数中必须包含 10 个以上行业的成分股。

②不限制成分股所在行业。

正是因为这样的要求，所以，宽基指数覆盖的范围广泛，使其具有风险分散的特点，相比窄基指数来说风险更低、投资更稳健，缺乏专业理财知识的投资者选择宽基指数基金更不容易出错。

窄基指数基金则更集中于某个单一的行业，在特定的周期内，如果某个行业呈现爆发式增长，那么窄基指数基金的收益会更大，但是因为投资行业单一，一旦某个行业遭受重创，投资者也会遭受严重的经济损失，因此，窄基指数基金风险也相对更集中。

市场中的宽基指数有很多，例如上证 50 指数、沪深 300 指数、恒生指数及中证 500 指数等，追踪这些指数的基金就是宽基指数基金。其中，投资者选择更多的是沪深 300 指数和中证 500 指数，也常常在这两类宽基指数基金中纠结，下面来对比看看这两个宽基指数。

实例分析
比较沪深 300 指数和中证 500 指数

想要进一步了解沪深 300 指数和中证 500 指数，首先我们需要了解它们与 A 股的关系，如图 3-18 所示。

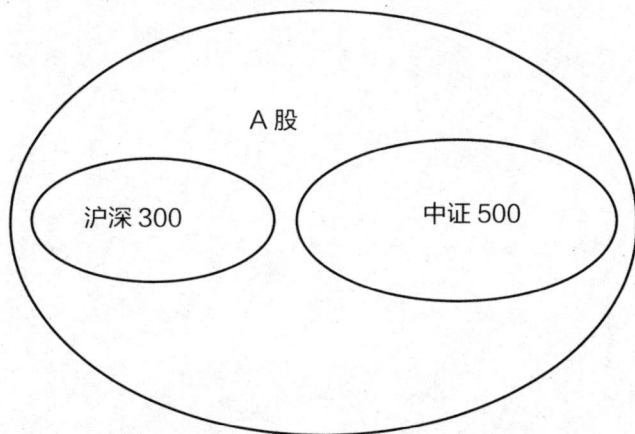

图 3-18 沪深 300 指数、中证 500 指数与 A 股的关系

从图中可以清晰地看到，沪深 300 指数就是从 A 股市场中挑选规模大、流动性好的最具代表性的 300 只股票组成样本股，以综合反映 A 股市场股票价格的表现情况。

而中证 500 指数则是由去除沪深 300 指数成分股和总市值排名靠前的 300 只股票后，总市值排名靠前的 500 只股票组成，它反映了 A 股市场中的中小市值股票价格的表现情况。

由此可知，沪深 300 指数中选择的股票样本包含 A 股市场中市值大、流动性好的主流股票，样本股全面且优质，可以说沪深 300 能够较好地反映市场上比较成熟的公司的情况。而中证 500 指数主攻 A 股中小盘股，样本股分布比较均衡，能够有效反映中小市值公司的情况。

这两个指数没有孰优孰劣的说法，都比较适合普通投资者，因此，投资者可以根据自己的投资偏好，适当分配比例进行投资，而偏向稳健型的投资者可以优选沪深 300 指数基金。

第4章

基金定投诀窍，搞懂"买"与"卖"

在基金定投中，投资者普遍存在的最大困扰就是什么时候买进和什么时候卖出，只有在合适的位置买进，在恰当的位置卖出，投资者才能获得可观的投资收益。因此，想要真正实现投资获利，我们就不得不搞清楚其中的"买""卖"问题。

- 定期定额定投
- 定期不定额定投
- 不定期定额定投
- 不定期不定额定投
- 金字塔买入法

4.1 基金定投的四大投资方式

通常，大部分人理解的基金定投就是固定时间做固定金额的投资，但实际上，真正的基金定投并不是这么简单的，它根据时间和金额的不同可以分为 4 种不同的定投方式。

4.1.1 定期定额定投

定期定额定投是基金定投中最简单的一种定投模式，也是绝大部分投资者经常使用的一种定投方式。它要求投资者设置一个固定的时间和固定的金额，每到这一时间，就对同一基金投入固定的金额。

可以看到，这种投资方式操作简单，投资思维也比较简单，比较适合刚刚开展定投且没有什么投资经验，不知道如何分析、研究市场走向的投资者。此外，每个月投入相同的金额，也更适合每月领取固定薪资的工薪族。尽管投资方式简单易操作，只要投资者自律，坚持投资纪律，就能投资获益。

定期定额定投是一种平均投资法，长期频繁投入，能够自动实现"低点多买，高点少买"，这就可以起到摊低成本、降低买入风险的作用。如图 4-1 所示为某基金净值走势。

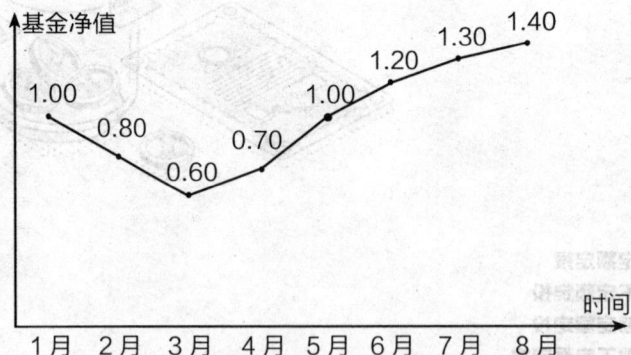

图 4-1 基金净值走势

某投资者每月定期定额向该基金投入 2 000.00 元，那么该投资者这 8 个月持有的基金份额如下（不考虑基金投资费率）。

1 月：2 000.00÷1.00=2 000（份）

2 月：2 000.00÷0.80=2 500（份）

3 月：2 000.00÷0.60≈3 333.33（份）

4 月：2 000.00÷0.70≈2 857.14（份）

5 月：2 000.00÷1.00=2 000（份）

6 月：2 000.00÷1.20≈1 666.67（份）

7 月：2 000.00÷1.30≈1 538.46（份）

8 月：2 000.00÷1.40≈1 428.57（份）

因此，该投资者在 8 月定投后持有的该基金总份额为：17324.17 份（2 000+2 500+3 333.33+2 857.14+2 000+1 666.67+1 538.46+1 428.57）。我们可以看到，在定期定额定投的投资模式下，确实实现了低点多买、高点少买。例如，在 3 月时，基金净值跌至 0.60 元，投资者同样投入 2 000.00 元，此时投资者买入的基金份额达到 3 333.33 份，而在 8 月时基金净值上涨至 1.40 元，投资者同样投入 2 000.00 元，此时投资者买入的基金份额就只有 1 428.57 份。

要知道，在投资中 "越跌越买，越涨越不买" 是亘古不变的道理，价格越低，说明价值被低估的可能性较大，投资者大量买进，后期上涨的可能性也会较大，投资风险较低。而价格越高，说明价值被高估的可能性较高，可能存在大量泡沫，后期下跌的可能性较大，所以投资者应少买或不买。

鉴于此，虽然新手投资者难以把握价值评估，没有市场分析的经验，但是只要长期坚持，遵循投资纪律，把握定期定额定投，同样也能够利用低点多买、高点少买，摊低投资成本，降低投资风险，进而获得不菲的投资收益。

4.1.2 定期不定额定投

定期不定额定投指的是在投资周期上固定，但在投资金额上灵活处理，不再是死板的固定金额，而是根据市场的走势变化来灵活调整每次投入的具体金额。在基金净值高点时投入较少的金额，而在基金净值低点位置则投入更多的金额，以购买更多的基金份额。换句话说，就是在低估区域内低位多投，高估区域内高位少投，这样的投资方式有利于基金未来增值获利，但是对投资者的要求也更高。

定期不定额的投资核心在于"金额"，投资者应该如何设置浮动金额呢？除了需要考虑自身的经济实力外，还需要借助指标来对投资金额进行计算。因为不同的投资者考虑的点不同，所以选择的指标也可能不同，计算方式也有所不同。比较常见的有以下两种。

（1）盈利收益率计算法

盈利收益率计算法是根据投资者的目标收益率设置一个盈利收益率阈值，然后根据当前盈利收益率与盈利收益率阈值之间的比较来计算实投金额，计算公式如下。

如果当前盈利收益率为正，计算公式如下。

实投金额 = 基准金额 ×（当前盈利收益率 / 盈利收益率阈值）

如果当前盈利收益率为负，计算公式如下。

实投金额 = 基准金额 - 基准金额 ×（当前盈利收益率 / 盈利收益率阈值）

下面以一个具体的例子来进行说明。

实例分析

盈利收益率计算实投金额

1月，某投资者做基金定期不定额投资，在某基金单位净值为 1.00 元时投入 1 000.00 元，该投资者的目标收益率为 10%，基准投资金额为 1 000.00 元，如果 2 月该基金的单位净值为 1.02 元，此时该投资者应该投入多少钱呢？计算如下（不考虑基金费率）。

当基金净值上涨至 1.02 元，此时投资者的当前盈利收益率为：

（1.02×1 000-1 000.00）÷1 000.00=2%

那么 2 月实投金额为：

1 000.00×（2%÷10%）=200.00（元）

但是，如果 2 月基金净值下跌至 0.60 元，那么该投资者 2 月应该投入多少钱呢？计算如下。

当基金净值下跌至 0.60 元，此时投资者的当前盈利收益率为：

（0.60×1 000-1 000.00）÷1 000.00=-40%

那么 2 月实投金额为：

1 000.00-1 000.00×（-40%÷10%）=5 000.00（元）

从案例可以看到，根据当前盈利收益率的变化来计算实投金额可以实现低点多买、高点少买，使投资更灵活。

（2）市盈率计算法

市盈率是比较常用的一个估值指标，它是企业股权价值与净利润的比值，相当于上市公司的股价与每股盈利的比值，反映了在企业盈利水平不变的情况下，投资该股票多少年能回本。市盈率的计算公式如下。

市盈率 = 企业股权价值 / 净利润 = 股价 / 每股盈利

但是，在实际的投资中我们通常会参考过去一年、几年，或者是几个月的市盈率数据，客观分析判断当前的市场是被高估还是被低估，然后在市场被高估时减少投资，在市场被低估时增大投资。

以上证 50 指数为例，从历史数据来看，上证 50 指数的合理市盈率在 7 ~ 23 倍。所以，如果我们按照市盈率大小来做定投判断，可以在市盈率大于 10 小于 18 时，按照基准金额正常投资；如果市盈率小于 10，可以增加定投金额；如果市盈率大于18，则应该减少定投金额。

利用市盈率来做定投判断，关键在于查看对应的市盈率数据。一般来说，这种方法比较适用于指数基金，可以去很多网站查询对应的指数市盈率，但如果是非指数基金的话，因为具体的持仓并不完全披露，所以，市盈率难以查看。

下面以在中证指数有限公司官网中查询为例，介绍如何查询市盈率数据。

实例分析
中证指数有限公司查询指数市盈率

打开中证指数官网，进入首页，在页面右上角搜索文本框中输入指数名称，再单击"搜索"按钮，如图4-2所示。

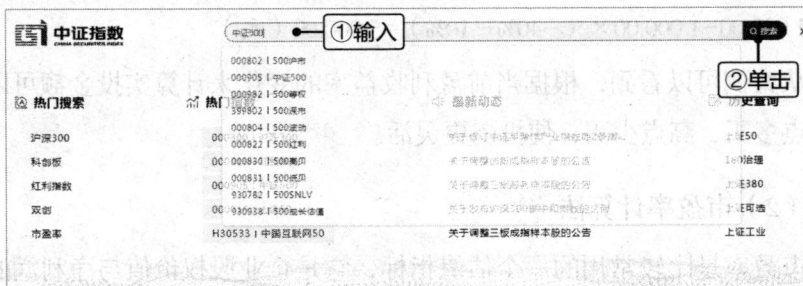

图4-2 搜索目标指数

进入搜索结果页面，在该页面中单击目标指数名称超链接，如图4-3所示。

图4-3 单击指数名称超链接

进入指数详情介绍页面，在页面右侧"相关资料"板块中单击"指数估值"超链接，如图 4-4 所示。

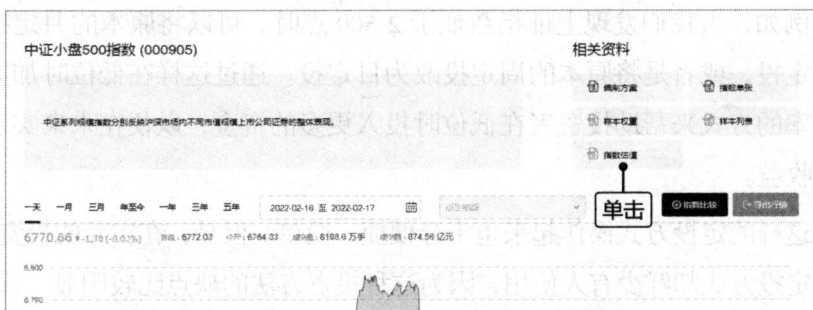

图 4-4 单击"指数估值"超链接

打开 Excel 文件就可以在其中查看到该指数的市盈率和股息率，如图 4-5 所示，2022 年 2 月 16 日，中证 500 指数的市盈率为 17.84，股息率为 1.54。

图 4-5 查看市盈率

根据历史市盈率来判断当前指数是否处于被低估或被高估状态，是一种比较合理的判断方法，也能提高投资者的投资收益，降低投资风险。

4.1.3 不定期定额定投

不定期定额定投与定期不定额定投不同，它是在时间周期上做文章，即不固定投资期限去定投同样金额的投资方法，这样的定投方式可以实现在低位时加大买入频率。

例如，当我们发现上证指数低于 2 500 点时，可以将原本的月定投改为周定投，或者是将原本的周定投改为日定投。通过这样在低位时加大定投频率的方式来帮助投资者在低位时投入更多的资金，以便在未来实现更大的收益。

这样的定投方式操作起来也十分便捷、简单。但是，在实际的投资中，这种定投方式却鲜少有人使用，因为这种投资方法的缺点比较明显。首先，因为是不定期投资，所以，什么时候买进需要投资者个人把控，这对投资者的要求很高，尤其是对新手投资者来说，比较困难。要求投资者需要对市场有比较精准的把握，以及专业的判断。

其次，这种不定期的定投方式受到人为影响较大，难以通过多次定投来平衡投资风险，所以可操作性不强。

4.1.4　不定期不定额定投

不定期不定额定投，从字面上就能理解，它指的投资时间不固定，投资金额也不固定的定投。即投资者看好一只基金后，根据基金在市场中的走势变化和市场行情来灵活投资，不限制投资时间和投资金额。

这也是定投的一种方式，但是这种投资方式要求投资者个人具备高度的自制力，并且能够对基金走势和市场变化有着清晰且准确的判断，才能够实现获利。

那么，很多投资者就会问："不定期不定额的基金投资算是基金定投吗？"

当然算。实际上，基础的定期定额的基金定投是针对缺乏专业投资知识、没有投资经验的理财新手而言的。但是，对于一些有经验的投资者来说，这种定期定额投资对资金的利用率并不高，会减少投资收益。

因此，专业的投资者会采取不定期不定额的投资方式，但不参与定投计划，而是利用定投的原理，根据市场的实际情况，选择一只有潜力的基金，不定期逢低买进一定份额，坚持大跌大买、小跌小买，最大限度地降低份额成本。买入后，持有一段时间不动，待市场好转后再逢高赎回。

所以说，这种不定期不定额的定投方式对投资者的个人要求较高，需要投资者具备足够的勇气在低点买进基金。

4.2 基金定投中的资金管理

在前面介绍的 4 种定投模式中，投资者普遍比较常用的还是定期不定额投资法，即在固定的时间内根据基金在市场的走势变化和市场发展来调整投入金额。但是，很多投资者对投入的金额总是存在较大的困惑，不知道如何来管理。

此时，我们可以从资金管理的角度出发，合理规划每次投入的金额数量。在控制风险的前提下，获取未来合理的投资收益。

4.2.1 金字塔买入法

金字塔买入法是股票投资中比较常用的一种操作方法，在基金定投中同样适用。金字塔买入法分为正金字塔买入法和倒金字塔买入法，下面来分别看看这两种买入法。

（1）正金字塔买入法

正金字塔买入法指的是当基金净值逐渐上涨时，买进的基金份额逐渐减少，从而降低投资风险。如图 4-6 所示为正金字塔买入法示意图。

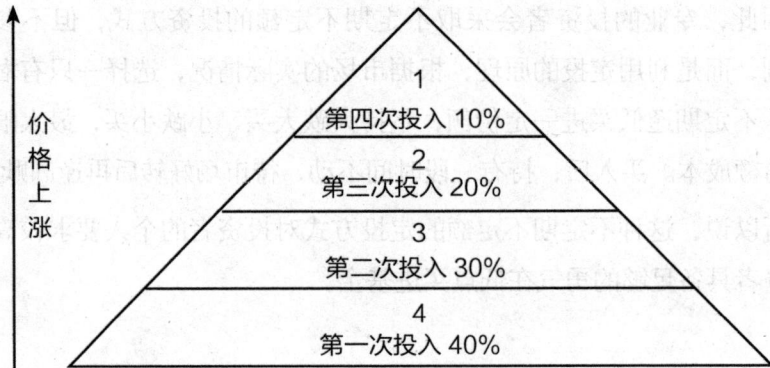

图 4-6 正金字塔买入法

金字塔上端表示较高的价格，下端表示较低的价格，数字 1、2、3、4 表示买入的资金占比，即一成仓位、两成仓位、三成仓位和四成仓位。价格逐渐下跌，投资者买进的仓位越来越重。需要注意的是，这里的 1、2、3、4 不是固定的，而是代表仓位比例越来越重。另外，不仅可以分为 4 次投资，还可以分为 5 次或者是多次，这里分为 4 次是为了便于理解。

从图中可以看到，正金字塔呈正三角形，下方基地较宽且越往上越窄，宽广部分表示价格越低时买进的数量越多。当价格逐渐上涨时，买进的数量逐渐减少，从而降低投资风险。

举例说明，某投资者看好某只基金认为其具有发展潜力，于是在 1.0 元位置投入 40% 的资金买入该基金。买进后，价格上涨，投资者认为该基金还存在一定的上涨空间，于是在 1.30 元位置投入 30% 的资金买入该基金。当基金上涨至 1.50 元时，该投资者仍然看好该基金，于是再投入 20% 的资金。当基金上涨至 1.80 元时，根据市场行情变化，该投资者仍然看好该基金，但因为位置较高所以投入 10% 的资金。这就是比较典型的正金字塔买入法。

正金字塔法买入的优势在于，投资者第一次投入后，如果后市基金仍处于上升之中，投资者还可以第二次、第三次追加投入以增加获利机会。尽管这种投资方式不如一次全部投入获利更多，但却能减少因基金下跌可能给投资者带来的风险。如果基金是在第二次、第三次购买行为完成后才出现下跌，也会因第二次或第三次买入的份额较少，而避免造成太大的损失。

（2）倒金字塔买入法

倒金字塔买入法与正金字塔买入法相反，前期买进的资金较少，后期逐渐加大资金量，从而降低投资风险。这样的投资方式使得金字塔呈现出下方尖小，越往上越宽广的形态，所以称为倒金字塔买入法，如图 4-7 所示为倒金字塔买入法示意图。

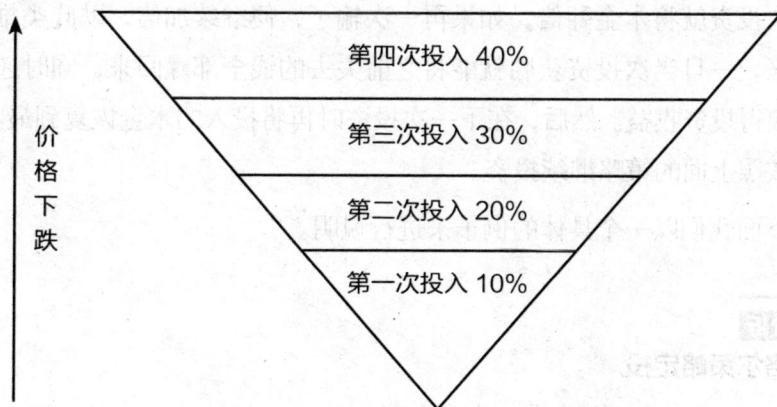

图 4-7 倒金字塔买入法

倒金字塔买入主要适用于熊市行情之中。例如，投资者看好某只基金，第一次投入 10% 的资金。买进后基金净值下跌，加仓 20% 的资金。随后基金净值再次下跌，投资者加仓 30% 的资金。之后基金净值再次下跌，投资者加仓 40% 的资金。一旦基金净值止跌回升，投资者即可实现获利。

可以看到，倒金字塔法买入法的关键在于，高价时买得少，低价时买得多，跌得越多，买得越多。这样的投资方式对投资者的心理素质有一定要求，很多投资者面对这种不断下跌的行情往往难以坚持，仓皇离场，最终导致投资失败。

最后，不管是正金字塔买入法，还是倒金字塔买入法，关键都在于投资者应该在投资之初根据自己的投资金额设定好初始资金，并计划好将投资资金分为几等份，这样才能在后期的投资实战中做到游刃有余。

4.2.2　马丁格尔策略投资法

马丁格尔策略原本是一种赌博策略，它最早起源于十八世纪的法国，随后在欧洲广为流传。从理论上来看，这种策略是一种"绝对不会输"的投资方法。

马丁格尔策略实际上很简单，它的核心思想是：在投资中如果输了，下一次投资就将本金翻倍，如果再一次输了，便继续加倍，以此类推。这样一来，一旦当次投资获胜就能将之前失去的钱全部赢回来，同时还可以另外赢得投资收益。然后，在下一次投资时再将投入的本金恢复到最小值，然后按照上面的策略继续投资。

下面我们以一个具体的例子来进行说明。

实例分析
马丁格尔策略定投

某投资者开展基金月定投，采用马丁格尔策略进行资金管理。该基金的净值表现如表 4-1 所示（所有计算均不考虑基金费率）。

表 4-1　基金净值变化

时　间	基金净值（元）	时　间	基金净值（元）
1 月	1.00	4 月	0.90
2 月	0.70	5 月	0.80
3 月	0.60	6 月	1.20

1 月，该投资者投入 1 000.00 元买进该基金。投资者持有的基金份额为：

1 000.00÷1.00=1 000（份）

到了 2 月，基金净值下跌至 0.70 元，此时投资者的亏损达到 300.00 元。该投资者在 2 月时投资翻倍，投入 2 000.00 元，持有的基金份额为：

2 月买进的基金份额：2 000.00÷0.70≈2 857.14（份）

持有的总基金份额：1 000+2 857.14=3 857.14（份）

到了 3 月，可以看到基金净值继续下跌至 0.60 元，此时投资者继续亏损，具体损失金额如下。

3 857.14×0.60≈2 314.28（元）

3 000.00-2 314.28=685.72（元）

所以，投资者继续在 3 月翻倍投资，投入 4 000.00 元。此时投资者持有的基金份额如下。

3 月买进的基金份额：4 000.00÷0.60=6 666.67（份）

持有的总基金份额：1000+2 857.14+6 666.67=10 523.81（份）

4 月时基金净值回升至 0.90 元，此时投资者的投资收益如下。

10 523.81×0.90≈9 471.43（元）

9 471.43-（1 000.00+2 000.00+4 000.00）=2 471.43（元）

可以看到，此番投资者不仅收回了前期亏损的本金，还有剩余获利，收益达到 2 471.43 元，于是投资者在 4 月时赎回全部基金份额，并在 4 月时重新开展新一轮投资，在 0.90 元位置投入 1 000.00 元，买进基金份额如下。

1 000.00÷0.90≈1 111.11（份）

5 月基金净值下跌至 0.80 元，投资者亏损 111.11 元（1 000.00-1 111.11×0.80），投资者则翻倍投资，投入 2 000.00 元，此时持有的基金总份额为：

5 月买进的基金份额：2 000.00÷0.80=2 500（份）

持有的总基金份额：1 111.11+2 500=3 611.11（份）

6 月基金净值回升，上涨至 1.20 元，此时投资者收回前期失去的本金，并且还有获利，具体收益计算如下。

3 611.11×1.20≈4 333.33（元）

4 333.33−3 000.00=1 333.33（元）

于是，投资者在 6 月 1.20 元位置赎回全部持有的基金份额，并在该位置重新投入 1 000.00 元，进行新一轮投资。

可以看到，马丁格尔策略实际上就是在每次投资失败时，不断加倍投入，一旦有所回升便赎回，实现获利，然后开展下一轮投资。这样的投资思想比较简单，也比较容易操作。但是，利用马丁格尔策略做投资时需要注意以下两个问题。

起始的单位资金。在马丁格尔策略中，起始的单位资金是非常重要的，后续的投资都在起始单位资金上进行翻倍。如果投资者设置的起始单位资金数额较大，那么很有可能在后续的加仓中还没有实现盈利就已经耗尽资金了，那么这个策略将无法实施。因此，投资者如果想要使用这种策略就必须规划好起始单位资金，根据自己的经济情况据实设置。

翻倍投入的倍数。马丁格尔策略的获胜关键在于翻倍投入，但是投资者如果设置的倍数较大，那么除了给自己带来较大的经济压力外，还会影响自己的投资计划。所以，投资者应该设置一个合理的翻倍倍数，一般两倍是比较合理的。

最后，马丁格尔策略是一种简单易懂的投资策略，投资者只要懂得灵活运用，就能够更好地为自己的投资服务，提高获胜概率。

4.2.3　网格交易法做基金定投

市场中的行情根据其运行方向可以分为单边上涨的上升行情、单边下跌的熊市行情和震荡波动的横盘行情。在单边行情中投资者比较容易把控，但现实是大部分情况下市场总是处于波动变化之中的。此时，投资者的基金定投应该怎么去做呢？

　　其实，这时候运用网格交易策略是一种比较好的投资方法。网格交易法是一种不预测价格涨跌的交易方法，而是按照基金净值在网格中的实际走势情况来执行交易。网格交易法的本质是利用"低吸高抛"，先选好标的买入一定的底仓，然后设定一个价格波动区间（即最低价和最高价），接着将波动区间分为 *N* 等份（差价），形成网格，基金净值每跌一个差价便立即买入一份，基金净值每上涨一个差价就卖出一份，如此反复。如图 4-8 所示为网格交易法示意图。

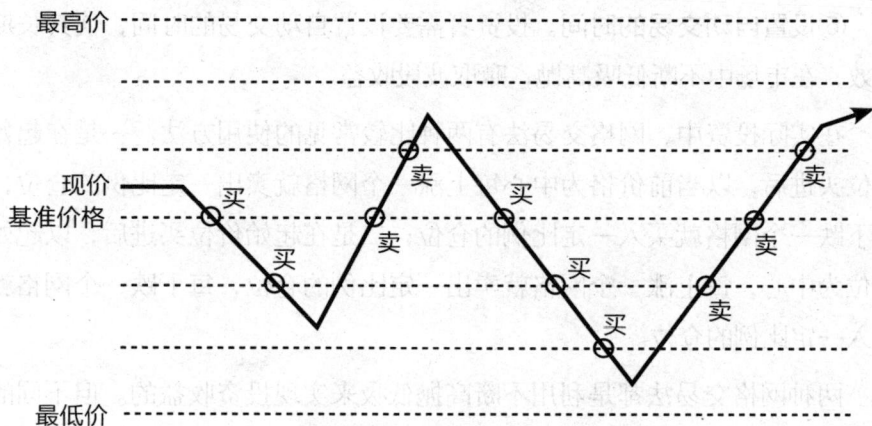

图 4-8　网格交易法

　　从图中可以看到，一共发生了 5 次买入和 5 次卖出，产生了 5 对差价，共获得 5 份利润。

　　利用网格交易法做基金定投比较简单，主要包括以下 5 个步骤。

　　①选择目标基金。这里需要注意的是，因为网格交易会频繁地买进卖出，所以应尽量选择交易费用低的基金品种，否则投资带来的收益会被来回的手续费吃掉。

　　②建立网格交易合适的底仓。这个仓位的大小需要根据市场的估值情况而定。如果当前估值较低，则底仓可以稍微提高一些；如果当前的估值较高，则可以先轻仓。

③设定网格的大小。这个没有固定的要求，投资者可以根据自己的风险承受能力及市场的走势来进行设定。例如设定某基金的底部价位为 0.50 元，价格间隔为 0.05 元，顶部价格为 2.00 元，即每下跌 0.05 元买入 1 份，每上涨 0.05 元卖出一份，价格跌出 0.50 元或者涨出 2.00 元则暂停交易。

④设置每格份额。投资者需要根据账户内可使用的资金余额和网格下线来计算出网格每格的大小。如账户余额为 10 000.00 元，那么资金可以在 0.90、0.80、0.70、0.60、0.50 元时各买进 2 000 份。

⑤设置自动交易的时间。投资者需要设置自动交易的时间，使其长期有效，在市场中不断低吸高抛，赚取波段收益。

在实际投资中，网格交易法有两种比较常见的使用方法。一是在起始价位买进后，以当前价格为中心每上涨一个网格就卖出一定比例的仓位，每下跌一个网格就买入一定比例的仓位；二是在起始价位买进后，以起始价位为中心，每上涨一个网格就卖出一定比例的仓位，每下跌一个网格就买入一定比例的仓位。

两种网格交易法都是利用不断高抛低吸来实现投资收益的。但不同的是，第二种是以建仓线作为标准来设置网格，而第一种则单纯地以涨跌情况来进行投资操作。两种方式没有优劣之分，投资者可以根据实际情况来选择使用。

下面以一个具体的例子来说明网格交易法。

实例分析
利用网格交易法做基金定投

某投资者准备 10.00 万元开展基金定投，在基金净值 1.00 元时开始投资，投入 10 000.00 元，并将 1.00 元设置为基准价格，以涨幅 50%，即 1.50 元为最高价，跌幅 30%，即 0.70 元为最低价，设置价格波动区间。

在此期间,基金净值在建仓初始位置的基础上每上涨 5% 便卖出 10% 的持仓,每下跌 5% 便买入 10% 仓位。如果跌至最低价则不买入,如果上涨至最高价则赎回全部基金份额。如图 4-9 所示为投资者买进后该基金的净值变化(下列计算均不考虑基金费率)。

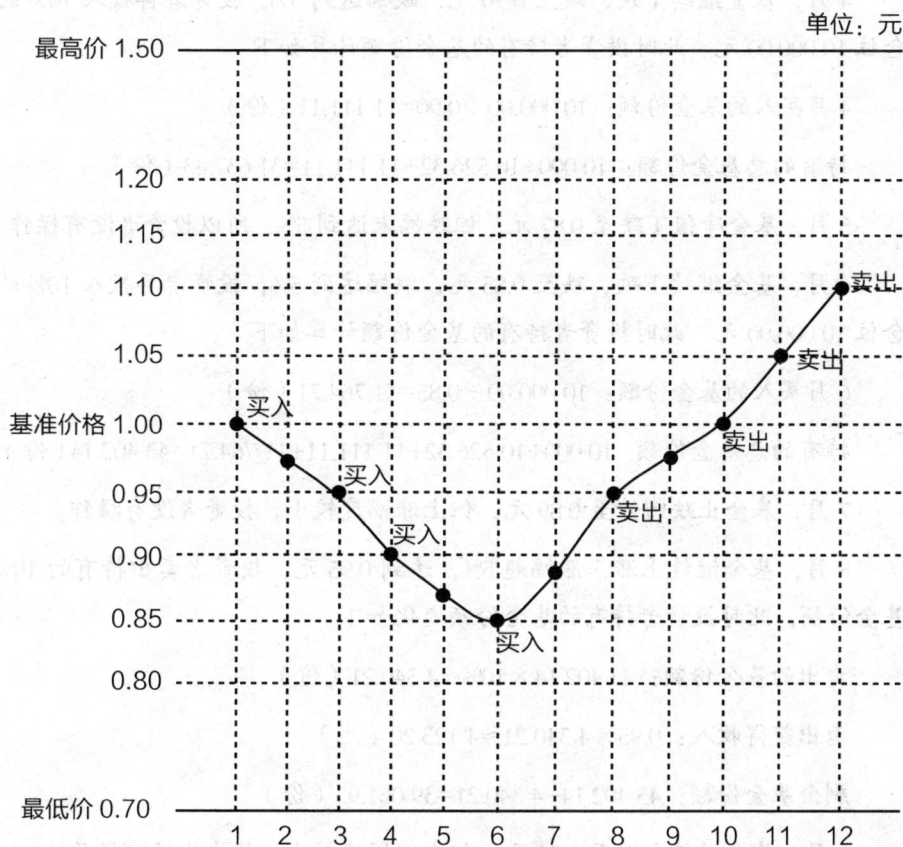

图 4-9 基金净值变化

根据这几个月基金的净值变化,投资者的操作如下所示。

1 月:基金净值为 1.00 元,投资者在此位置投入 10 000.00 元,持有基金份额 10 000 份。

2 月:基金净值下跌至 0.97 元,但跌幅未达到 5%,所以投资者没有操作。

3 月:基金继续下跌,跌至 0.95 元,此时跌幅达到 5%,投资者再投入

10%仓位10 000.00元，此时投资者持有的基金份额计算如下。

3月买入的基金份额：10 000.00÷0.95≈10 526.32（份）

持有的总基金份额：10 000+10 526.32=20 526.32（份）

4月，基金继续下跌，跌至0.90元，跌幅达到5%，投资者再投入10%的仓位10 000.00元。此时投资者持有的基金份额计算如下。

4月买入的基金份额：10 000.00÷0.90=11 111.11（份）

持有的总基金份额：10 000+10 526.32+11 111.11=31 637.43（份）

5月，基金净值下跌至0.87元，但跌幅未达到5%，所以投资者没有操作。

6月，基金继续下跌，跌至0.85元，跌幅达到5%，投资者再投入10%的仓位10 000.00元。此时投资者持有的基金份额计算如下。

6月买入的基金份额：10 000.00÷0.85=11 764.71（份）

持有的总基金份额：10 000+10 526.32+11 111.11+11 764.71=43 402.14（份）

7月，基金止跌回升至0.89元，但上涨幅度较小，投资者没有操作。

8月，基金继续上涨，涨幅超5%，达到0.95元，投资者卖出持有的10%基金份额，此时投资者持有的基金份额变化如下。

卖出的基金份额：43 402.14×10%≈4 340.21（份）

卖出获得收入：0.95×4 340.21≈4 123.20（元）

剩余基金份额：43 402.14−4 340.21=39 061.93（份）

9月，基金继续上涨至0.98元，但上涨幅度较小，投资者没有操作。

10月，基金继续上涨，涨幅5%，达到1.00元，此时投资者卖出持有的10%基金份额，投资者持有的基金份额变化如下。

卖出的基金份额：39 061.93×10%≈3 906.19（份）

卖出获得收入：1.00×3 906.19=3 906.19（元）

剩余基金份额：39 061.93−3 906.19=35 155.74（份）

11 月，基金继续上涨，涨幅 5%，达到 1.05 元，此时投资者卖出持有的 10% 基金份额，投资者持有的基金份额变化如下。

卖出的基金份额：35 155.74×10%≈3 515.57（份）

卖出获利：1.05×3 515.57≈3 691.35（元）

剩余基金份额：35 155.74−3 515.57=31 640.17（份）

12 月，基金继续上涨，涨幅 5%，达到 1.10 元，此时投资者卖出持有的 10% 基金份额，投资者持有的基金份额变化如下。

卖出的基金份额：31 640.17×10%≈3 164.02（份）

卖出获得收入：1.10×3 164.02≈3 480.42（元）

剩余基金份额：31 640.17−3164.02=28 476.15（份）

经过这一年的基金定投后，投资者的账户变化情况如表 4-2 所示。

表 4-2　账户变化

时　　间	持有的基金份额（份）	账户现金（元）	总资产（元）
1 月	10 000	90 000.00	100 000.00
2 月	10 000	90 000.00	99 700.00
3 月	20 526.32	80 000.00	99 500.00
4 月	31 637.43	70 000.00	98 473.69
5 月	31 637.43	70 000.00	97 524.56
6 月	43 402.14	60 000.00	96 891.82
7 月	43 402.14	60 000.00	98 627.90
8 月	39 061.93	64 123.20	101 232.03
9 月	39 061.93	64 123.20	102 403.89

时　　间	持有的基金份额（份）	账户现金（元）	总资产（元）
10 月	35 155.74	68 029.39	103 185.13
11 月	31 640.17	71 720.74	104 942.92
12 月	28 476.15	75 201.16	106 524.93

可以看到，经过这一年的基金定投，投资者的资产从最初的 100 000.00 元上涨至 106 524.93 元，获利 6 524.93 元。其中，账户现金余额为 75 201.16 元，持有的基金份额为 28 476.15 份。

从案例可以看到，利用网格交易进行投资，不管是下跌行情，还是上涨行情，投资者都不会错过利润。只要投资者设置合理的上下底线和网格的宽度，就能在降低投资风险的同时，抓住更多获利机会，提高资金利用率。

4.3 基金定投止盈不止损

虽然基金净值上涨可以为投资者带来收益，但只要投资者没有赎回，将收益落袋为安，就有损失的可能性。所以，作为投资者来说，我们不仅要知道什么时候买，更要知道什么时候卖，才能将投资收益收入囊中，落袋为安。

4.3.1　分批止盈法

很多投资者不重视止盈的一个点在于，当投资收益达到我们的预期收益后，此时赎回手中的持仓，却发现基金仍然上涨，且涨幅空间较大，止盈决策使得自己错过了后续行情，损失了部分收益。面对这种情况，我们可以使用分批止盈法来做止盈操作。

　　分批止盈指的是当基金投资收益达到预期，满足止盈条件时，投资者不必全部赎回，而是根据某种规则一点一点地分批卖出。在不确定市场后市走向的情况下，分批止盈是较好的一种止盈策略，既不会错过后续行情，也能保证前期部分收益。

　　下面以一个例子来进行说明。

实例分析

分批止盈法逐步止盈稳健投资

　　如图 4-10 所示为某基金的收益率走势。

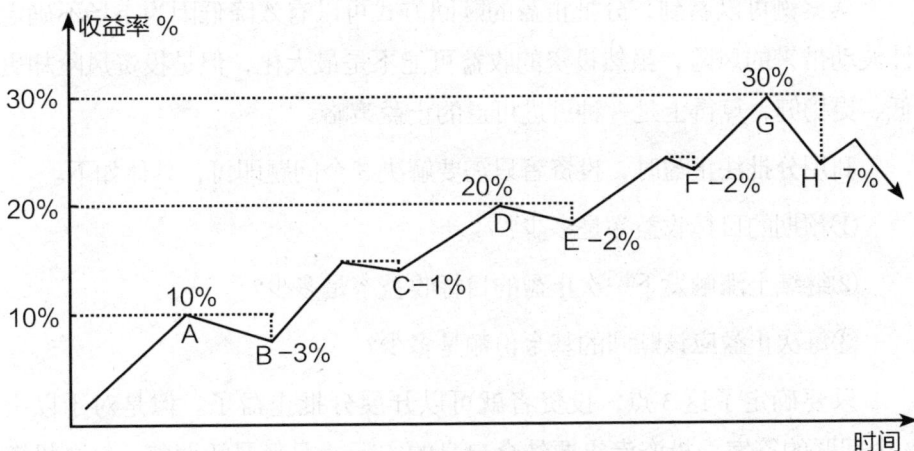

图 4-10　基金收益率走势

　　当基金运行至 A 点位置时，收益率达到 10%，达到投资者的目标投资收益率。因为投资者对基金后市的走向难以确定，所以决定采用分批止盈法对该基金分批卖出。故此，投资者决定在 A 点位置赎回持有的 30% 基金份额，锁定部分投资收益。

　　然后基金止涨下跌，跌至 B 点位置。但此时的跌幅为 3%，与预期的 5% 跌幅还有一定差距，所以继续持有。不久基金止跌回升，转入上升行情，涨幅超过 5%，收回之前的损失。

随后，基金止涨回调，跌至 C 点，跌幅为 1%，投资者继续持有。基金回调结束后再次向上攀升，上涨至 D 点，此时涨幅达到 20%，第二次达到预期目标收益率，投资者立即赎回 50% 基金份额，锁定大部分利润。用剩余部分基金份额博取更高的利润空间。

之后，基金止涨回调，但很快止跌回升，每次回调幅度都在 3% 以内，投资者继续持有。当基金上涨运行至 G 点位置时，涨幅达到 30%，第三次达到预期目标收益率，投资者立即赎回 10% 基金份额，锁定利润。

这番上涨后，基金转入下跌趋势之中，跌幅达到 7%，运行至 H 点位置，因为跌幅较大，超过 5%，所以，投资者在跌幅达到 5% 时便立即全部赎回离场。

从案例可以看到，分批止盈的赎回方式可以有效降低因为市场不确定性波动带来的风险，虽然投资的收益可能不是最大化，但是投资风险却更低、更稳健，算得上是一种可进可退的止盈策略。

利用分批法止盈时，投资者只需要解决 3 个问题即可，具体如下。

①预期的目标收益率是多少？

②继续上涨触发下一次止盈的目标收益率是多少？

③每次止盈应该赎回的基金份额是多少？

只要确定了这 3 点，投资者就可以开展分批止盈了。但是对于以上3 个问题的答案，投资者需要结合自身的实际情况来灵活调整，每个投资者面对的基金走势不同，投入的成本不同，所以答案也不同。投资者自行设置即可。

4.3.2　目标收益率止盈

目标收益率止盈法是最简单、最直接的一种止盈方法，即投资者在开展定投时便设定一个"目标收益率"，一旦定投达到目标就果断止盈。

根据基金定投的期限长短不同，设定的目标收益率也不同。一般来说，如果是一年左右的短期定投，可以将目标收益率设定得低一些；如果是

2 ～ 3 年的中长期定投，设定的目标收益率可以高一些；如果是 5 年以上的长期定投，设定的目标收益率应该更高。

利用目标止盈法做基金定投止盈简单、易操作，而且如今很多基金销售平台给投资者提供了许多投资便捷服务，例如目标止盈，即投资者在投资之初设定一个目标收益率，一旦投资达到目标收益率，平台就自动为投资者止盈，赎回持有的基金份额，不需要投资者手动止盈，费心操作。下面以支付宝目标投为例进行介绍。

实例分析
支付宝目标投自动止盈

打开支付宝 App，登录账号，进入首页，点击下方的"理财"按钮，进入支付宝理财页面。在页面点击"基金"按钮，进入基金理财页面，如图 4-11 所示。

图 4-11　进入基金理财

在基金理财页面中点击上方"省心定投"按钮，进入"定投专区"页面。在页面中选择"目标投"选项，如图 4-12 所示。

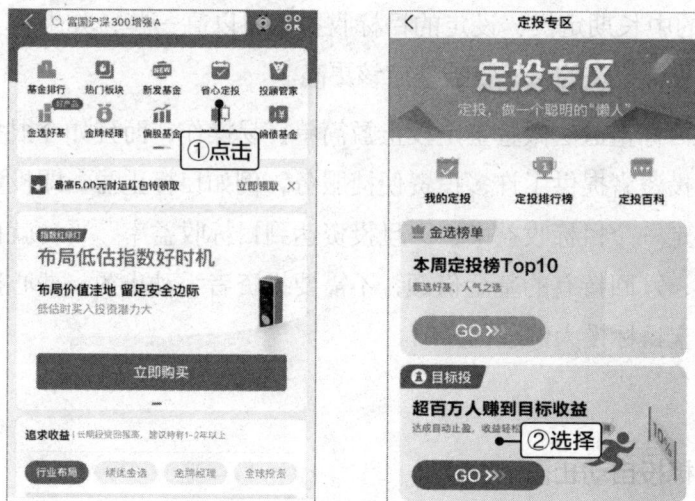

图 4-12　选择"目标投"选项

在目标投页面中，平台默认了一种目标定投计划，但用户可以自行调整目标定投计划（滑动盈利率下方滑块调整目标盈利率，点击"修改计划"超链接，调整定投基金和定投金额），确认定投计划后点击"开启新的目标投"按钮，输入支付密码即可，如图 4-13 所示。

图 4-13　开启基金目标定投

开启目标定投计划后，每到固定时间，平台会自动扣款固定金额购买同一基金进行投资，直到基金投资收益率达到设定的目标盈利率后，定投计划便会自动停止。

4.3.3 最大回撤法止盈

当市场处于牛市，而投资者的定投已经达到预期的目标盈利率，此时谁也说不清楚最高点什么时候来，提前止盈担心损失利润，继续持有又担心牛市结束，市场急速下跌，损失前期既得收益。此时，投资者可以考虑最大回撤法止盈。

想要利用最大回撤法止盈，投资者首先需要明确 "最大回撤" 这个概念，它指的是在选定周期内任一历史时点往后推，产品净值走到最低点时的收益率回撤幅度的最大值。如图 4-14 所示为最大回撤示意图。

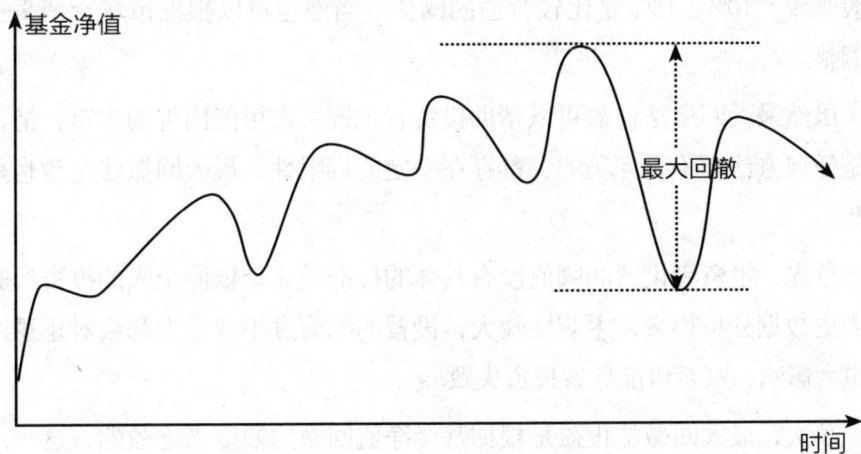

图 4-14 最大回撤

最大回撤这一概念通常是描述买入产品后可能出现的最坏情况，它是一个重要的风险指标，在基金定投中利用最大回撤来进行止盈具有重要意义，能够有效降低投资风险。

了解最大回撤之后，在实际的投资中我们应该如何来使用呢？其实，运用最大回撤法止盈非常简单，只需要以下两个步骤即可完成。

①设置一个目标止盈信号点。目标市场永远处于波动变化之中，过早地关注最大回撤意义不大。当基金定投收益达到目标，出现止盈信号时，投资者就可以密切关注市场的动态和走向了。

②设置一个回撤阈值，即当基金的净值跌幅超过这一阈值，投资者便立即卖出所有基金份额，完成止盈。

需要注意的是，在最大回撤法止盈中，设置阈值是关键。如果设置的阈值过小，投资者很有可能被短期震荡震出局从而错过后面更大牛市的可能；反之，如果设置的阈值过大，则需承担更大的风险，利润也会因此大幅缩水，甚至错过小牛行情。

实际上，阈值设定的主要依据是过往历史的回撤情况，历史回撤越大，所需设置的阈值也会较大；历史回撤越小，所需设置的阈值也就相对较小。一般来说，10%、15%是比较合适的阈值，当然也可以根据市场行情来进行调整。

虽然最大回撤法止盈可以帮助投资者把握后市可能出现的牛市行情，但是任何方法都不是完美的，都存在一定的局限性，最大回撤法止盈也是如此。

首先，投资者设置的阈值没有具体的标准，完全依照个人的投资经验及历史数据分析得来，主观性较大，设置的阈值过小或过大都会对止盈产生重大影响，甚至可能导致投资失败。

其次，最大回撤法止盈是根据基金净值回撤的幅度来止盈的，这一点就说明，投资者的卖出位置不可能在最高点，那么，对应的投资者的收益也就不能实现最大化。

因此，投资者在选择止盈方法时要综合考量，选择适合自己的、可操作性强的方法。

4.3.4　左侧止盈与右侧止盈

在投资市场中有两种比较常见的交易方式叫作左侧交易与右侧交易。左侧交易指的是逆向交易，即逢低买入，逢高卖出。在行情下跌的过程中，尚且没有形成底部信号之前买入，随后行情止跌回升，当上涨一定程度遇阻出现回调或者反转迹象时止盈，这就是左侧止盈。

而右侧交易则不同，它讲究顺势而为，是在行情形成明确的反转趋势之后再买入，当行情上涨出现明显的回调后再止盈，这就是右侧止盈。

如图 4-15 所示为左侧止盈与右侧止盈示意图。

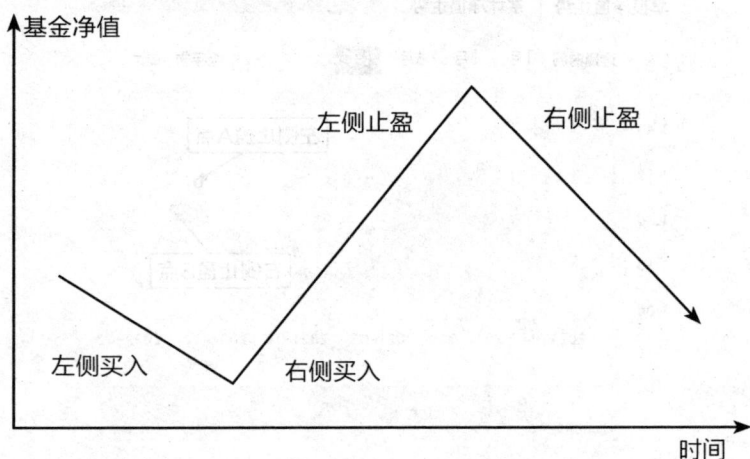

图 4-15　左侧止盈与右侧止盈

两种止盈方式存在不同的优缺点。左侧止盈是在行情遇阻，在反转之前提前止盈，可能吃到最多利润，但是如果行情短暂回调后继续向上发展，那么左侧止盈可能由于提前出局而损失较多利润。右侧止盈是在行情出现明显的行情反转信号后止盈，虽然不至于错过后市可能出现的行情，但可能因为离场过晚而损失较多前期的既得利润。

两种止盈方式各有优劣，在实际投资中，投资者应该根据实际情况和行情走势来酌情选择。

下面以一个具体的例子来说明左侧止盈和右侧止盈如何操作。

实例分析

基金左侧止盈与右侧止盈的操作

某投资者2021年8月开始定投一只股票基金天弘甄选食品饮料股票C（009876），假设投资者分别采取左侧止盈和右侧止盈的方式进行止盈，下面看看是如何操作的。

如图4-16所示为天弘甄选食品饮料股票C基金一年的单位净值走势。

图4-16　基金单位净值走势

（1）左侧止盈法

投资者在2021年8月开始定投。基金在1.10元位置横盘波动一段后开始转入上升行情中，基金净值逐渐向上稳定攀升。2021年12月上旬，基金净值运行至1.30元附近，根据该基金前期历史走势可以发现，1.30元附近是一个重要的压力位，基金很有可能在此位置受阻止涨下跌，转入下跌趋势之中，所以，投资者决定在1.30元的A点位置止盈离场。

（2）右侧止盈

同样，投资者在 2021 年 8 月开始定投。基金净值在 1.10 元位置横盘波动一段后开始转入上升行情中，基金净值逐渐向上稳定攀升。2021 年 12 月上旬基金净值上涨至 1.30 元后遇阻止涨下跌，但此番下跌并未维持较长时间，随后基金止跌回升再次向上冲击 1.30 元，但上涨至 1.28 元附近后便止涨再次下跌。两次上冲形成双重顶形态，是典型的行情反转形态，说明 1.30 元位置压力较大，基金难以突破，后市可能转入下跌趋势之中。于是，投资者在 B 点位置离场。

在上述这个案例中，明显左侧止盈优于右侧止盈，这是因为左侧止盈根据前期走势判断出了重要的压力位提前止盈，避免了损失。而右侧止盈则是根据双重顶形态出现，下跌趋势形成时再止盈，此时投资者已经损失了部分利润。

但是，如果该基金在 1.30 元位置止涨回调一段后继续上冲，突破 1.30 元继续上涨，那么左侧止盈则难以享受后市上涨收益。所以，在不同的行情中需使用不同的止盈方法，投资者要灵活选择。

4.3.5　市场情绪止盈

前面介绍的止盈方法通常是技术面或者是基本面的分析，这里介绍的市场情绪止盈法却有别于其他止盈方法，它是对市场中人们的情绪进行分析。

市场情绪法指的是如果你发现身边的朋友、亲人、邻居等都在谈论投资、股票和基金，人人都高喊赚钱的时候，说明此时的市场情绪已经空前高涨，这就是一个明显的止盈信号，说明此时市场已经运行到了相对高位，随时可能见顶。

因此，投资者可以仔细观察市场的情绪反应，根据市场的情绪来做出止盈决策。

那么，投资者应该如何来捕捉市场的情绪呢？这里介绍两种比较实用的方法。

贴吧、论坛、讨论区等查看市场散户的情绪。投资者可以在一些贴吧、论坛或者是很多基金软件提供的讨论区中查看市场散户投资者的情绪。如果大部分投资者都激动、开心、赚钱、加仓，则说明市场情绪高涨，但如果大部分投资者都情绪失控、喊着割肉，说明市场情绪较低。

查看一些市场情绪指标。市场上有一些情绪指标对市场情绪的判断也比较有帮助，例如 FGI 恐惧 / 贪婪指数，它能直观地反映市场的整体情绪，其取值范围处于 0 ~ 100，数值越小，意味着场内情绪越恐惧，0 意味着"极度恐惧"；数值越大，意味着越贪婪，100 则意味着"极度贪婪"。

市场情绪法止盈是另一种止盈思路，有兴趣的投资者可以试试看。

第 5 章

/ 选好定投策略，就能更聪明地投资 /

定投并非"傻瓜式"的固定投资，它讲究一定的策略。做更聪明的投资，不仅能够提高投资成功率，降低投资风险，还能提高投资收益率。在本章内容中我们将介绍一些基金定投的策略。

- 什么是估值
- 学会看懂指数的估值指标
- 支付宝智能定投：指数红绿灯
- 均线偏离程度法
- 价值平均定投策略

5.1　指数估值做定投更简单

利用指数估值情况来做基金定投是比较常用的一种定投方式，在低估值时买进，在正常估值时观望或持有，在高估值时卖出，是指数估值定投的核心策略。下面就来具体看看指数估值策略是怎么使用的。

5.1.1　什么是估值

利用估值情况来做基金定投的买进、卖出决策，首先需要明白估值是怎么一回事儿。其实，估值在股票市场中运用比较多，它主要是指上市公司的内在价值，它没有确定的标准，只能用行业平均市盈率来判断当前的股票价格是被低估还是被高估。如果被严重低估，那么说明后市该公司股价极有可能会上涨，可以买进；如果被严重高估，说明当前股票的股价存在大量泡沫，随时可能见顶回落，风险较高。

指数估值与股票估值是同一个道理，因为本身指数就是一篮子股票的集合，所以，指数估值的高低实际上也是股票估值的高低。而对应的以指数为跟踪标的的指数基金就可以根据指数估值情况来判断基金买进卖出的投资风险，在指数估值低、投资风险低的时候大胆买进，在指数估值高、投资风险高的时候果断赎回离场。

那么，指数估值的数据从何而来呢？

股票估值是由股票的上市公司提供的数据来进行计算的，而指数估值则是分析相关指数的成分股及股票的业绩快报、年报、市值规模数据，经过计算整理形成的相关估值。所以，利用估值情况来做基金定投判断只适用于指数基金，因为其他股票基金公布的成分股信息不全，难以得到准确数据，所以不能计算出准确的估值。

5.1.2　学会看懂指数的估值指标

利用估值的高低来做投资判断，投资者就有必要学会如何看懂指数估值。首先要懂得如何查询指数估值，查询指数估值的方法有很多，在前面的第 4 章中介绍了通过中证指数有限公司官网查询指数估值。

除此之外，还有很多其他的查询方法。很多数据查询平台除了能够查询估值数据信息外，还提供了详细的估值走势，以便帮助投资者查看分析市场行情，如图 5-1 所示为蛋卷基金平台提供的指数估值信息。

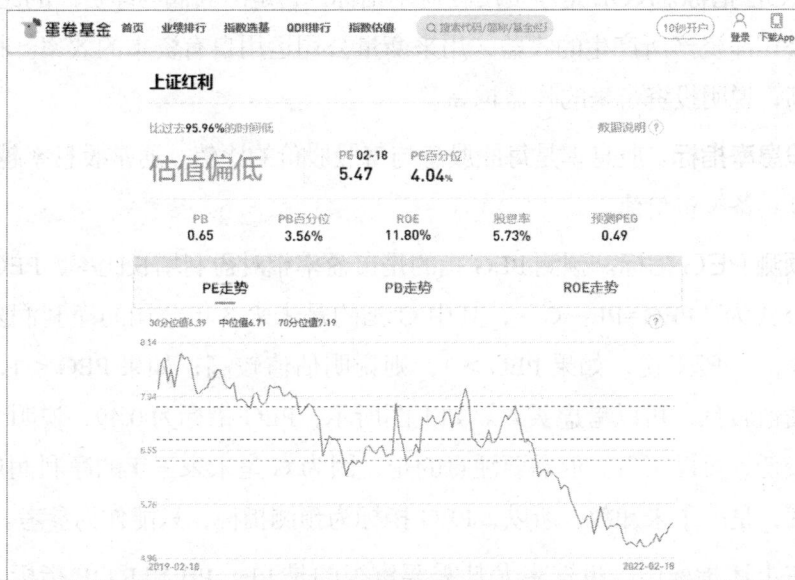

图 5-1　指数估值信息

从图中可以看到，指数的估值情况通过"估值偏低"的字样进行标识，使投资者能够一目了然地看到当前指数的估值情况。在指数估值信息中，平台提供了几个估值指标的具体数值，具体如下。

PE 指标。PE 指标我们并不陌生，它指的是市盈率，在前面第 4 章的内容中我们介绍过。一般情况下，在盈利稳定或增长的情况下，市盈率越低，就代表其投资价值越大。如上图所示的 PE 为 5.47，从历史数据来看，

5.47 处于一个较低的位置，说明其具有较大的投资价值。

PE 百分位指标。PE 百分位代表的是当前 PE 在选定区间所处的水平，假设百分位为 10%，表示只有 10% 的时候比当前市盈率低。百分位基于指数近 10 年 PE 数据计算得来，若不满 10 年，则采用全部历史数据。PB 百分位同理，就不赘述了。

PB 指标。PB 为市净率指标，它是市值与净资产的比值，一般认为其数值越低，估值就越低。

ROE 指标。ROE 是净资产收益率指标，它是净利润与净资产的比值，表示公司净资产所产生的收益，用来衡量公司运用自有资本的效率。指标值越高，说明投资带来的收益越高。

股息率指标。股息率是每股股息与每股股价的比值，通常股息率越高，说明越具备投资价值。

预测 PEG 指标。预测 PEG 指的是市盈率相对盈利增长比率，PEG 的计算公式为"PEG=PE÷G"，其中 G 指的是未来 3 年公司的净利润复合增长率。一般来说，如果 PEG > 1，则说明估值较高；如果 PEG < 1，则说明估值较低，可以考虑买入。如上图所示，PEG 指标为 0.49，说明当前估值较低，可以买入。但需要注意的是，因为 G 是未来三年的净利润复合增长率，是一个未知数，所以，PEG 指标为预测指标，只能作为参考。

在上述指标中，投资者尤其需要重视的是 PE、PB 和 ROE 指标，针对这 3 个指标平台通常会提供各个指标的走势情况，让投资者了解当前指标在历史数据中所处的估值位置是否偏高，帮助投资者做进一步分析。

在使用估值指标做指数估值分析时，要注意以下两点。

首先，不同行业的估值指标是不同的，投资者在实际投资中使用估值指标时要灵活运用。一般来说，对于一些利润比较稳定的行业，比较适合用市盈率这个指标，而对于一些利润波动较大，如周期性较强的行业，则更适合用市净率指标来做估值。

其次，估值数值的高低始终是根据历史数据得来的，而投资投的是未来，未来市场行情的变化存在许多的未知性，所以，估值可以作为一个投资参考，但并不能从根本上解决投资问题。

5.1.3 支付宝智能定投：指数红绿灯

在明白了指数估值是怎么一回事之后就可以利用指数估值做基金定投了。但是，如果要投资者在每次定投时都查询一遍指数估值情况，再做投资判断，未免比较麻烦。

针对这些想要利用指数估值做投资的投资者，很多基金销售平台都推出了指数估值智能定投功能，投资者只需要简单设置定投金额和定投时间，平台就会自动根据当前指数的估值情况来为投资者做出投资判断，简单便捷、省时省力，也更省心。

支付宝理财中就为投资者提供了这样一个智能定投功能，下面来做详细介绍。

实例分析

指数红绿灯开启智能定投

打开支付宝 App，点击下方的"理财"按钮，进入理财页面。在页面中点击"基金"按钮，如图 5-2 所示。

图 5-2 点击"基金"按钮

进入基金理财页面，在页面中点击"指数基金"按钮，进入指数基金页面。在页面中点击"指数红绿灯"按钮，如图5-3所示。

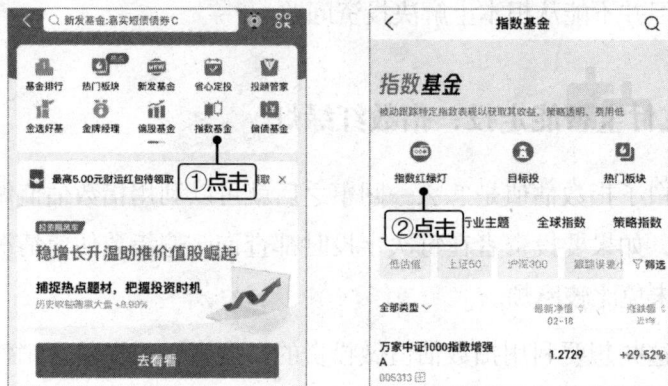

图5-3　点击"指数红绿灯"按钮

进入指数红绿灯页面，在页面中选择低估值指数，并在对应的指数下方选择指数基金，点击"智能定投"按钮。进入定投页面，根据页面提示设置定投金额、付款方式和定投周期，并点击"智能定投"按钮开启智能定投，点击"确定"按钮，如图5-4所示。

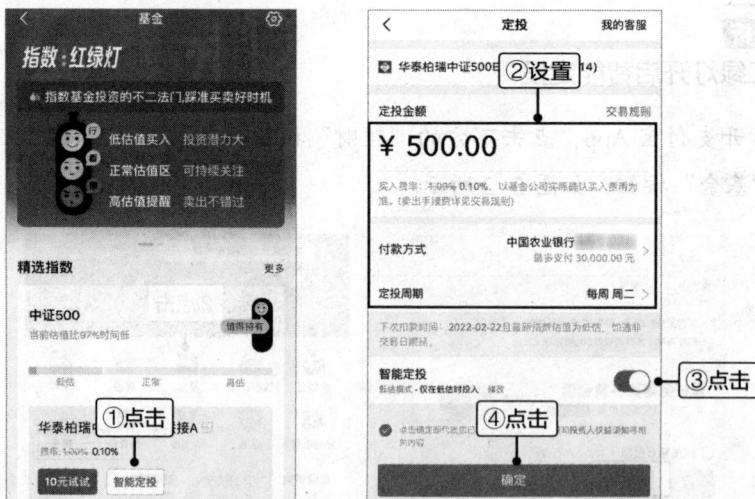

图5-4　开启智能定投

然后根据页面提示输入支付密码，即可展开指数估值基金定投。

经过上述案例中的一系列操作之后即可开启指数估值智能定投。指数估值智能定投实际上是采用低估值策略的扣款方式做基金定投，以跟踪的目标指数估值为参考指标，定投扣款之日指数处于低估值时，则正常扣款，低位捕捉筹码；定投扣款之日指数处于非低估值时，则不扣款，等待下一次投资机会来临。

由此可见，指数红绿灯为投资者提供了一种更便捷的基金定投方式，方便投资者在低估值时自动买入，在非低估值时停止买入，简单快捷。

5.2　技术策略类基金定投

如今，市面上很多基金销售平台都为投资者提供了各种各样的基金定投智能模式，在方便投资者的同时，也使投资者可以更聪明地投资，提高投资获胜概率。

5.2.1　均线偏离程度法

均线偏离程度法也常常被称为均线策略，它是利用指数的移动平均线作为参考指标来指导投资的一种策略。该方法的主要原理是认为指数在中长期市场具有回归均线的属性，所以，我们以均线作为基准线来判断当前市场是处于高位还是处于低位，同时设置一些浮动规则，当低于参考均线多少时，定投的资金就相应地加大多少比例；反之，当高于参考均线多少时，定投的资金就相应地减少多少比例。

利用均线偏离法做基金定投需要经过以下 3 个步骤。

①选择想要投资的目标基金。

②选择一个与定投的目标基金相符合的基金指数，例如创业板指数、沪深 300 指数和中证 500 指数 3 类指数，然后选择对应的 180 日、250 日

或 500 日均线。

③设置基准扣款金额，并根据基准指数和长期均线的偏离程度设置基金定投的当期扣款率。

从均线定投的步骤中可以看到，均线定投策略的关键包括以下几点。

（1）参考指数的选择

在前面的内容中我们介绍了很多参考指数，例如沪深 300、中证 500等，但并不是任意一个参考指数都能对应我们的目标基金，如果选择了不恰当的参考指数，便会直接影响定投效果。因此，我们需要选取与基金风格相契合的参考指数。

因为沪深 300 代表大盘价值，中证 500 代表中盘价值，中小板指数代表中盘成长，创业板指数代表小盘成长，所以，股票型基金、混合型基金的风格如果是大盘价值，可以选取沪深 300 指数；股票型基金、混合型基金的风格是中盘价值，则可以选取中证 500 指数；如果是小盘、成长型风格基金可以选取创业板指数。另外，行业主题基金可以选取对应的行业指数。

（2）参考均线的选择

除了参考指数外，均线也有很多条。比较常用的有 3 条，即 180 日均线、250 日均线和 500 日均线。那么，应该如何来选择均线呢？

其实，均线的选择主要是根据投资周期的长短来决定的，如果基金定投的时间比较短，则没有必要选择过长的均线；同样的，如果基金定投的时间比较长，选取较短的均线也不准确。

一般来说，如果基金定投周期在两年以下，选取 180 日均线比较合适；如果基金定投周期在 3 ~ 5 年，选取 250 日均线比较合适；如果基金定投周期在 5 年及以上，则应该选取 500 日均线。

（3）设置基础定投金额和扣款率

均线定投时每期实际扣款额是根据基础定投金额和扣款率来确定的，具体计算公式如下。

实际定投金额 = 基础定投金额 × 当前扣款率

其中，基础定投金额依照投资者自身的经济实力来确定，但需要注意的是，一般扣款率会在 60% ~ 200% 波动，所以，为避免给投资者带来较重的经济压力，投资者需要考虑基础定投金额的两倍金额。例如，某投资者设定的基础定投金额为 1 000.00 元，当月基金均线严重向下偏离指数，并触及最高扣款率 200%，那么当月该投资者就需要实际扣款 2 000.00 元。

其次，还需要设置当期扣款率。这里我们需要定义一个参数 r，r 是扣款前一日选取的指数收盘值与选取的均线值的比值，通过这个 r 值的大小就能清楚了解到指数与均线的偏离程度。扣款率可以根据 r 大小进行一级一级确定，具体如下。

当指数比均线低 5% 时，实际扣款率 60%。

当指数比均线低 5% ~ 10% 时，实际扣款率 70%。

当指数比均线低 10% ~ 20% 时，实际扣款率 80%。

当指数比均线低 20% ~ 30% 时，实际扣款率 90%。

在实际投资中，很多基金销售平台都自动为投资者设置好了扣款率，投资者只需设置好自己的基础定投金额即可。例如，支付宝理财的基金定投中就为投资者设置好了，方便投资者更简单地投资。

实例分析
支付宝均线策略基金定投

进入支付宝 / 理财 / 基金页面，在页面中选择目标基金，这里选择"偏股基金"选项，进入偏股基金页面。在页面中点击"前海开源公用事业行业股票"基金（005669）超链接，如图 5-5 所示。

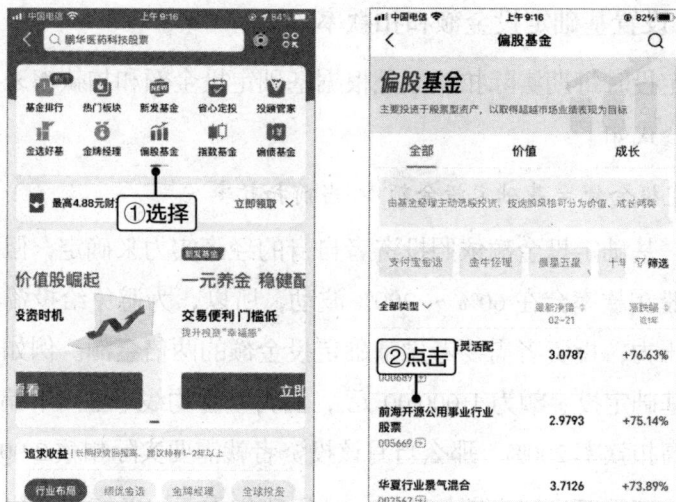

图5-5　选择定投基金

进入产品详情页面，查看基金信息，确认无误后点击"定投"按钮，根据页面提示，设置定投金额、付款方式和定投周期，并打开智能定投按钮。可以看到定投模式为均线模式，点击"均线模式"超链接，如图5-6所示。

图5-6　点击"均线模式"超链接

进入均线定投模式详情介绍页面，可以看到均线模式遵循动态扣款模式，当参考指数线高于均线时则少投，低于均线时则多投。具体的扣款率平台做出了详细说明。其次，在低位时加入了振幅参考，使投资更精准，如图 5-7 所示。

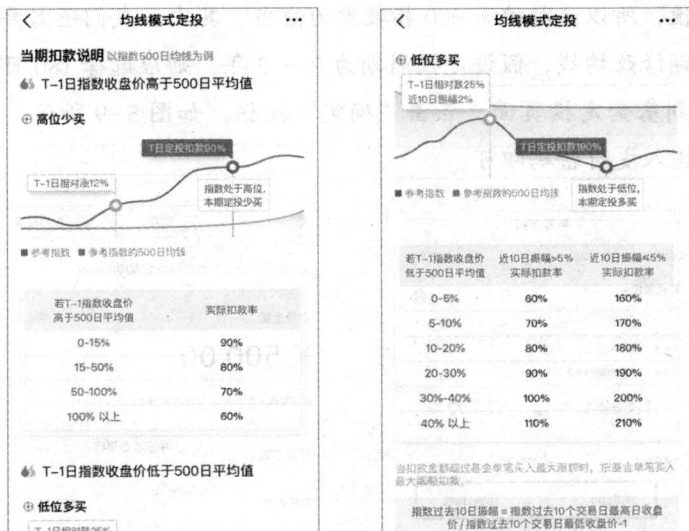

图 5-7　均线模式的扣款方式

确认了扣款方式之后返回至定投页面，点击智能定投下的"修改"超链接，进入智能定投页面，如图 5-8 所示。

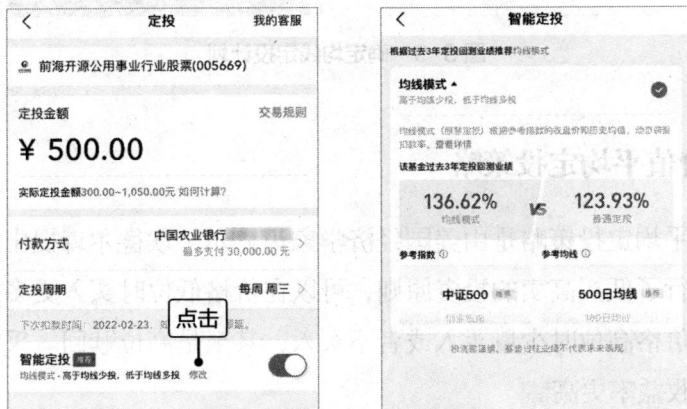

图 5-8　进入智能定投页面

从图中可以看到，当前基金智能定投均线模式选取的参考指数为中证500指数和500日均线。

此时，我们查看前海开源公用事业行业股票基金发现，该基金投资风格为大盘价值，所以选取沪深300指数更为恰当。其次，我们还需要根据自己的定投周期修改均线，假设定投周期为2～3年，则应选择180日均线。修改后，回到基金定投页面，点击"确定"按钮，如图5-9所示。最后根据页面提示输入支付密码即可。

图5-9 确定均线定投计划

5.2.2 价值平均定投策略

价值平均定投策略是由美国经济学家迈克尔·埃德尔森提出的，其优势在于践行了低买高卖的投资原则，可以在价格低位时买入更多的基金份额，而在价格高位时少量买入或者不买入，甚至是高位赎回。采用这样的定投策略收益率更高。

我们知道传统的基金定投属于成本平均策略，即每月在固定的时间向同一只基金投入固定的金额。而价值平均定投策略则不同，下面以具体的例子来说明两者之间的区别。

实例分析

比较分析成本平均策略与价值平均策略

假设某只基金从 1 月～ 5 月的基金净值变化为：1.00 元、0.90 元、0.80 元、1.02 元、1.20 元。如果投资者采用成本平均法做基金定投，每月定投 1 000.00 元，那么，该投资者的投资情况如表 5-1 所示（不考虑基金费率）。

表 5-1　成本平均策略投资情况

时　间	基金净值（元）	当期投入（元）	当期买入份额	累计价值（元）	累计份额
1 月	1.00	1 000.00	1000	1 000.00	1000
2 月	0.90	1 000.00	1111.11	1 900.00	2111.11
3 月	0.80	1 000.00	1250	2 688.89	3361.11
4 月	1.02	1 000.00	980.39	4 428.33	4341.50
5 月	1.20	1 000.00	833.33	6 209.80	5174.84

根据表格内容可以看到，经过 5 个月的定额定投，该投资者总投入 5 000.00 元，现如今累计价值 6 209.80 元，持有的累计份额为 5 174.84，收益率计算如下。

（6 209.80-5 000.00）÷5 000.00≈24.20%

如果投资者采用价值平均法做基金定投，基金定投的金额不再是每月固定的 1 000.00 元，而是基金市值每月固定增加 1 000.00 元。也就是说，根据每月投资时的基金净值大小来调整当次投入的金额大小，使得每次投入的价值相等。

价值平均定投策略的具体投资情况如表 5-2 所示。

表 5-2 价值平均策略投资情况

时 间	基金净值（元）	目标价值	当月实际价值（元）	当月操作		累计份额
				买入金额（元）	买入份额	
1 月	1.00	1 000.00	1 000.00	1 000.00	1 000	1 000
2 月	0.90	2 000.00	900.00	1 100.00	1222.22	2 222.22
3 月	0.80	3 000.00	1 777.78	1 222.22	1 527.78	3 750.00
4 月	1.02	4 000.00	3 825.00	175.00	171.57	3 921.57
5 月	1.20	5 000.00	4 705.88	294.12	245.10	4 166.67

从表格可以看到，想要保证每月基金市值保持 1 000.00 元的稳定增长，投资者就需要根据基金净值的涨跌变化情况来调整买入的基金金额。具体的买入金额计算方式如下。

买入金额＝目标价值－当月实际价值（当买入金额为负数时表示当月赎回）

当月实际价值＝上月累计基金份额 × 当月基金净值

经过这一轮投资，投资者总投入金额计算如下。

1 000.00+1 100.00+1 222.22+175.00+294.12=3 791.34（元）

投资者的投资收益率计算如下。

（5 000.00-3 791.34）÷3 791.34≈31.88%

经过两种投资方式的对比可以看到，采用传统的成本平均定投策略，累计投资总金额为 5 000.00 元，最终总价值为 6 209.80 元，投资收益率为 24.20%。而价值平均定投策略，累计投资金额为 3 791.34 元，最终总价值为 5 000.00 元，投资收益率为 31.88%。由此可见，价值平均定投策略的投资收益明显高于成本平均定投策略。所以，只要运用得当，投资者采取价值平均策略做基金定投，能够实现更高额的利润回报。

蛋卷基金平台的智能定投采用的便是这种价值平均策略模式，下面我们一起来看看。

实例分析

蛋卷基金价值平均智能定投

　　打开蛋卷基金 App 并登录蛋卷基金账号，自动进入基金页面，在页面中选择目标基金。随后进入基金详情页面中，确认了基金信息之后，点击下方的"定投"按钮，如图 5-10 所示。

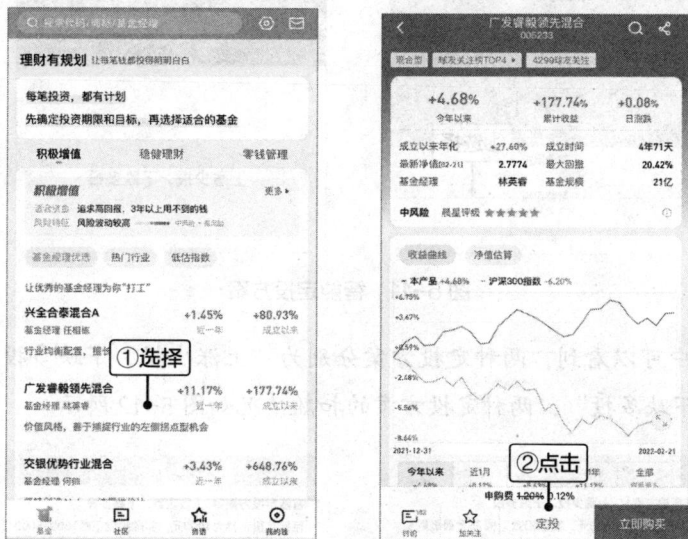

图 5-10　点击"定投"按钮

　　之后，页面下方弹出定投菜单列表，定投模式包括两种：普通定投和智能定投。普通定投指的是常规的定期定额定投，投资者若选择"普通定投"选项，则进入普通定投页面，并根据页面提示设置定投金额、定投时间即可。

　　而智能定投模式指的是价值平均定投策略模式，这里选择"智能定投"选项，进入"开启智能定投"页面，在页面中设置每期定投金额，再点击"定投方案"后的">"按钮，选择定投方案。蛋卷基金为投资者提供了两种智能定投方案，如图 5-11 所示。

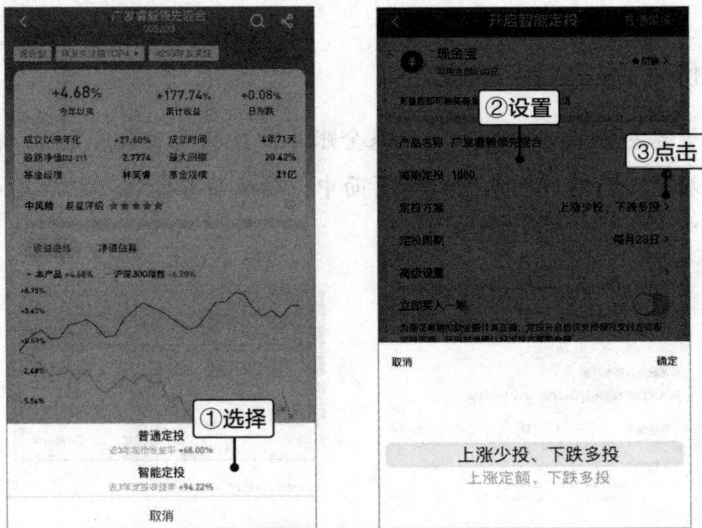

图 5-11　智能定投方案

从图中可以看到，两种定投方案分别为"上涨少投、下跌多投"和"上涨定额、下跌多投"，两种定投方案的扣款情况如图 5-12 所示。

智能定投方案1：上涨少投，下跌多投
目标定投金额为1000元，实际扣款范围 基金最低购买金额~5000（目标定投金额的5倍）

定投期数	基金净值	目标市值	当前市值	扣款金额
1	1.0000	1000	0	1000
2	0.8000	2000	800	1200
3	0.6000	3000	1500	1500
4	1.0000	4000	5000	基金最低购买金额
5	0.9000	5000	4500	500
6	1.0000	6000	5555	445

智能定投方案2：上涨定额，下跌多投
目标定投金额为1000元，实际扣款范围1000~5000（目标定投金额的5倍）

定投期数	基金净值	目标市值	当前市值	扣款金额
1	1.0000	1000	0	1000
2	0.8000	2000	800	1200
3	0.6000	3000	1500	1500
4	1.0000	4000	5000	1000
5	0.9000	5000	5400	1000
6	1.0000	6000	7111	1000

图 5-12　扣款详情

可以看到，两种定投方案采用的都是价值平均定投模式，以基金净值变化情况来调整当次投入的金额。在基金净值下跌时多投入，而在基金净值上涨时少投入或者是定额投入。

投资者在确认了定投方案之后，返回至"开启智能定投"页面，点击"高级设置"后的">"按钮，进入智能定投高级设置页面。在该页面中设置最高扣款金额和通货膨胀率，如图 5-13 所示。

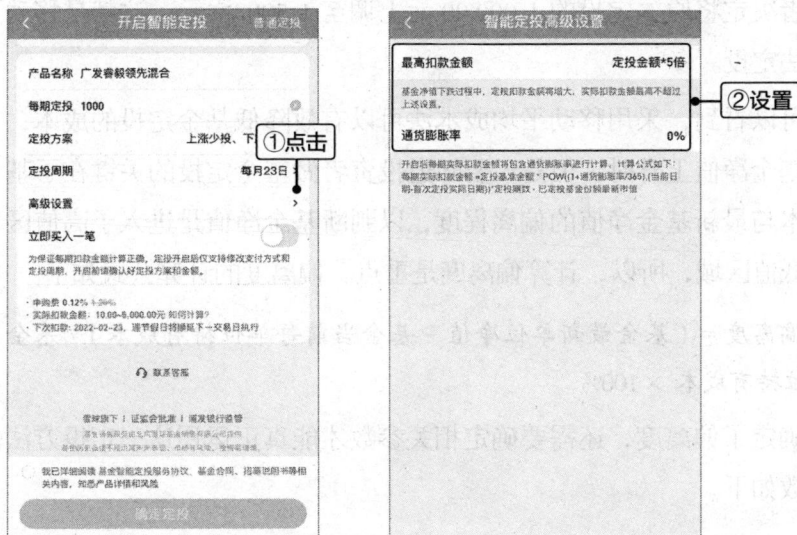

图 5-13　设置最高扣款金额和通货膨胀率

设置完成后返回至开启智能定投页面，根据页面提示，完成定投计划的设置，最后点击"确定定投"按钮，输入支付密码即可开启定投。

5.2.3　移动平均成本定投模式

移动平均成本定投模式是从投资者持有成本的角度出发，以当前基金最新的净值与持有成本进行比较，根据其偏离程度来调整投资者每期定投的金额。在基金最新净值低于平均持有成本时加大投入金额，在基金净值高于平均持有成本时减少投入金额，以达到"低位多投、高位少投"的目的。

我们以一个简单的例子来进行说明。假设投资者持有的基金的平均成本为 1.00 元。到当期定投时，基金净值上涨至 1.50 元，此时基金净值与持有成本向上发生偏离，偏离度为 50%，所以，投资者决定将原本的定投金额 1 000.00 元下调至 500.00 元。如果到当期定投时，发现基金净值下跌至 0.50 元，此时基金净值与持有成本向下发生偏离，偏离度为 50%，于是投资者决定将原本定投的 1 000.00 元上调至 1 500.00 元。这就是移动平均成本法定投。

可以看到，采用移动平均成本法可以有效降低基金定投的成本，尤其是在基金净值上升时。但是，要知道投资者做基金定投的关键在于基金持有成本与最新基金净值的偏离程度，以判断基金净值是进入了高值区域，还是低值区域，所以，计算偏离度是重点。偏离度的计算公式如下。

偏离度 =（基金最新单位净值 − 基金当前每单位持有成本）/ 基金当前每单位持有成本 ×100%

确定了偏离度，还需要确定相关参数才能真正运用这一定投方法。具体参数如下。

◆ 区域边界值

区域边界值指的是要求投资者设置基金净值高估、低估的范围，即基金持有成本与最新基金净值的偏离度达到多少算高估，基金持有成本与最新基金净值的偏离度低到哪种程度算是低估。在这两者之间便属于正常值。

例如，当日基金净值低于持有单位平均成本 0.50% 时为低估，加大投入金额；当日基金净值高于持有单位平均成本 2% 时为高估，减少投入金额。

◆ 定投金额

除了设置区域边界值外，还要提前设置好达到各个区域边界值时具体的扣款金额。假设将该偏离度设定为 ±10%、±20%、±30% 等，那么需要设定对应的当基金最新净值进入高成本 / 合理成本 / 低成本投资区域时相应的低等级扣款金额、标准扣款金额和高等级扣款金额。

需要注意的是，这个数值比较灵活，没有固定统一的标准，通常由投资者根据自身的经济情况来做合理设置即可。

完成上述两个参数的设置之后，这个定投方案就设置完成了。一旦基金净值与基金持有单位平均成本的偏离度触发设定的定投条件，则定投开始。

汇添富平台中的基金智能定投策略采用的便是移动平均成本定投法，下面来具体看看。

实例分析

汇添富移动平均成本定投策略

打开汇添富现金宝 App，注册并登录账号。进入软件首页，在页面中点击"买基金"按钮。进入基金投资页面，在页面中选择目标基金，如图 5-14 所示。

图 5-14　选择目标基金

进入基金详情页面，如 5-15 左图所示，进入"聚焦国企改革＋创新"基金页面，在页面下方点击"查看详情"按钮。页面跳转至基金详情页面，确认基金信息之后，点击下方的"定投"按钮，如 5-15 右图所示。

图 5-15　点击"定投"按钮

进入"新增定投"页面，根据页面提示设置基础定投金额和扣款周期，并确认支付方式，随后开启"定期不定额策略设置"功能。进入策略设置页面，平台默认均线策略，此时选中"成本策略"单选按钮，如图 5-16 所示。

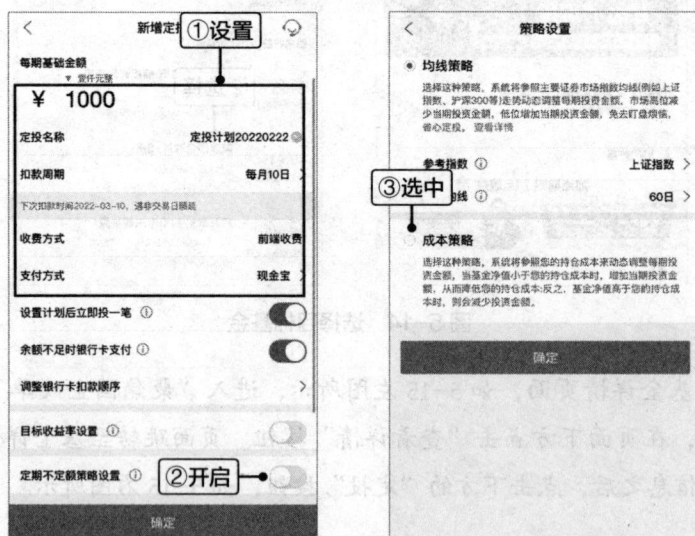

图 5-16　选中成本策略

打开成本策略设置，此时平台默认的边界区域值低于单位成本 10.00% 和高于单位成本 0.50%，且提供了对应的扣款金额"2 000.00"和"500.00"。投资者可以根据实际情况自行修改调整，当然如果认为默认值合适，也可以直接点击"确定"按钮。返回至"新增定投"页面，在页面选中"我已同意《汇天富基金管理股份有限公司定投业务协议》《汇天富国企创新增长股票型证券投资基金基金合同》《汇天富国企创新增长股票型证券投资基金招募说明书》"和"我已同意《汇天富国企创新增长股票型证券投资基金 A 类份额基金产品资料概要》"前的单选按钮，然后点击"确定"按钮，如图 5-17 所示。

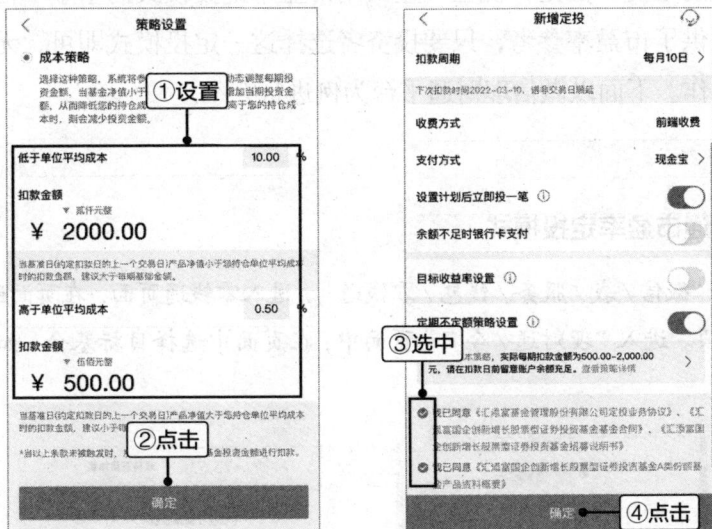

图 5-17　开启智能定投

最后根据页面提示，输入支付密码即可开启移动平均成本策略基金定投模式。

5.2.4　市盈率定投策略模式

对于市盈率我们并不陌生，在前面的内容中也介绍过，它是指数估值的重要指标，是作为价值投资判断股票和市场的关键性指标，在估值定投策略中具有重要作用。但是，市盈率除了可以帮助判断指数估值高低外，还可以直接用于衡量投资价值和风险。换句话说，市盈率在某种意义上可以向投资者说明当前的市场情况，如投资是否划算，该基金当前值不值得入手。

因此也就有了市盈率基金定投策略，以市盈率的大小来做基金定投决策。当市盈率处于高位，说明股价被高估，投资风险大；当市盈率处于低位，说明股价被低估，投资风险较低，可以投入。

市盈率定投的关键在于判断市盈率的位置，对普通的投资者来说确实具有一定的难度。但是，现在一些采用市盈率定投模式的基金平台主动为投资者提供了市盈率参考，只要投资者选择这一定投模式即可，无须再做过多的操作。下面以微信理财通平台为例进行介绍。

实例分析
微信理财通市盈率定投模式

打开"微信/我/服务/钱包/零钱通"，进入零钱通页面，在页面选择"理财通"选项。进入"理财通/今日"页面中，在页面中选择目标基金，如图5-18所示。

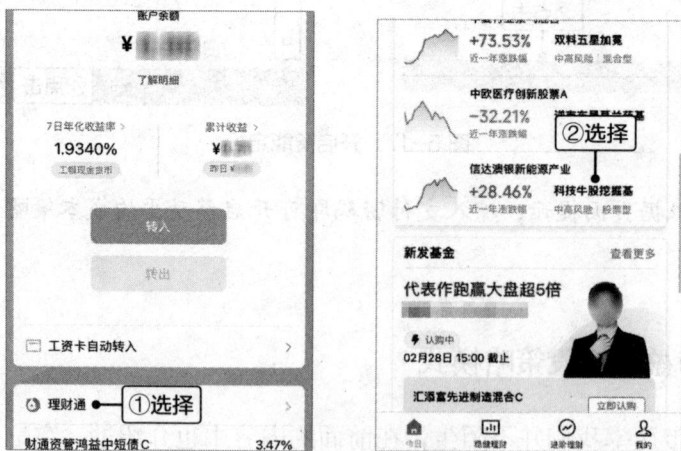

图5-18　选择目标基金

　　进入基金详情页面，查看基金信息，确认之后在页面下方点击"定投"按钮。下方跳出风险承受能力提示，点击"继续买入"按钮，如图 5-19 所示。

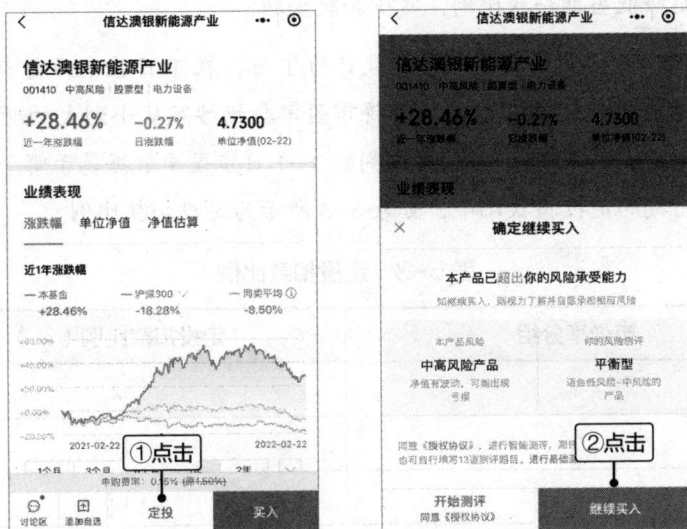

图 5-19 打开基金定投

　　进入定投设置页面，根据提示设置定投金额、资金来源和定投周期，然后点击智能定投下方的"详情"超链接，打开定投策略介绍，如图 5-20 所示。

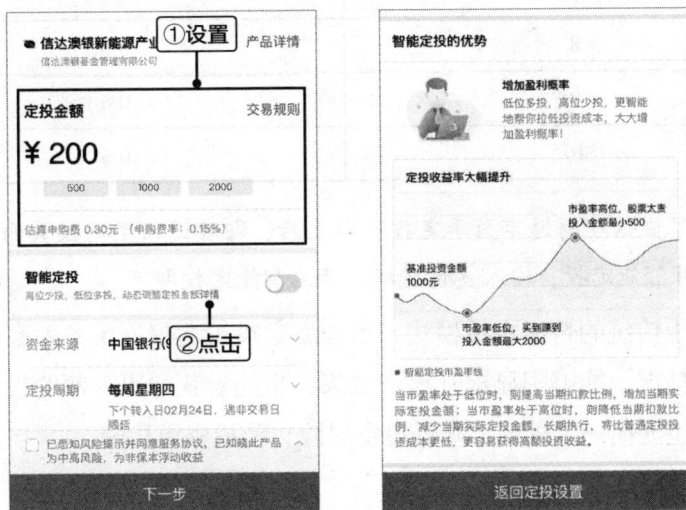

图 5-20 打开智能定投策略

从图中可以看到，微信理财通基金智能定投采用的是市盈率定投模式，当市盈率处于低位时则提高当期扣款比例，增加当期扣款金额；当市盈率处于高位时则降低当期扣款比例，减少扣款金额。

具体的扣款方式是假设定投扣款日为 T 日，在 T 日收集历史 500 个交易参考指数动态市盈率每日数据，并将市盈率数据按照从小到大的顺序进行排序且对应划分成 10 个组。然后通过判断 T-1 日市盈率数据属于哪个分组，就对应决定当期的定投扣款比率，如表 5-3 所示为定投扣款比例。

表 5-3　定投扣款比例

市盈率分组	定投扣款比例（％）
1	2
2	1.8
3	1.6
4	1.4
5	1.2
6	0.9
7	0.8
8	0.7
9	0.6
10	0.5

了解了微信理财通市盈率定投策略之后，即可返回至定投页面，根据页面提示打开智能定投，输入支付密码，开启智能定投即可。

相较于传统的普通定投模式，市盈率定投策略根据市盈率高低来判断当前投资情况，能够明显提升投资效果，也能够获得更高额的投资收益回报，同时也能在一定程度上降低投资风险，使投资更稳健。

5.2.5　自动保卫定投收益的趋势定投

当前基金市场上有两种比较主流的自主基金定投策略，一种是低位多买、高位少买，想办法通过各种指标或技术来判断当前基金净值是否处于低位，并以此来调整基金定投的额度。这种模式比较常见，在前面的内容中，基本上介绍的都是这种定投模式。

但是，市场中还有一种比较流行的定投模式，即追踪市场趋势，再追涨杀跌，简单来说就是依据当前的市场走势来做投资决策。如果判断市场趋势向上，则增大定投金额，享受上涨行情带来的收益；如果判断市场趋势向下，自动将前期投入及新增投入金额都转入低风险产品，以保证前期收益不缩水。

简单来说，运用这种投资策略的投资者需要买入两个基金产品，一个是行情趋好时，追求高收益回报的高风险基金产品。另一个则是行情趋弱时，转入低风险、保证收益和资金安全性高的低风险基金。趋势定投策略示意图如图 5-21 所示。

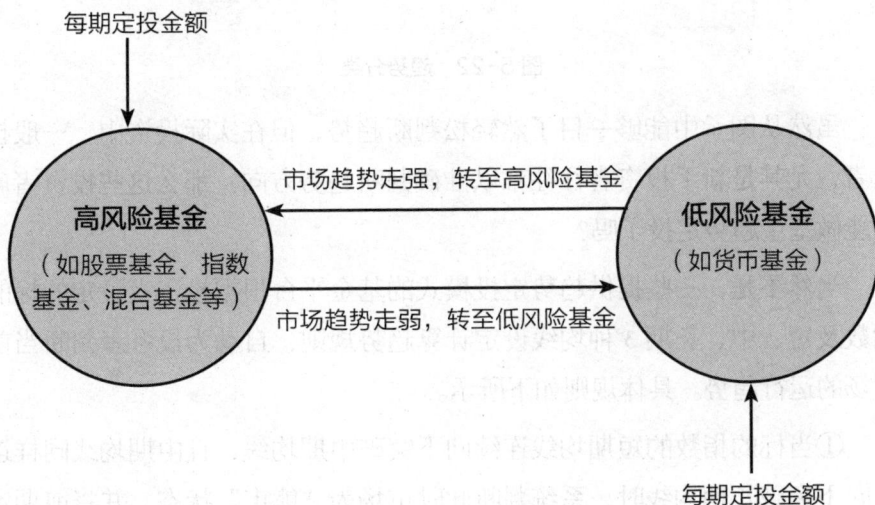

图 5-21　趋势定投策略示意图

根据示意图可以看到，趋势定投有别于前面介绍的其他基金定投法，前面介绍的基金定投策略通常是在定投金额上下功夫，想办法根据市场情况调整买入金额。但是安全性趋势定投属于一种定期定额定投，每月投入固定的金额，然后根据市场趋势走向来做高风险基金和低风险基金转换，以此实现在提高投资安全性的同时提高投资收益。

在趋势定投中，准确判断市场的趋势走向是关键。根据市场运行方向可以将其分为上升趋势、下降趋势和水平趋势，如图 5-22 所示。

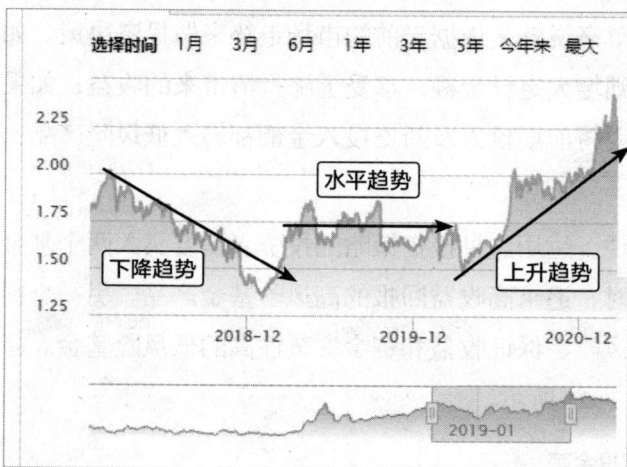

图 5-22　趋势分类

虽然从图示中能够一目了然轻松判断趋势，但在实际投资中，一般投资者，尤其是新手投资者往往难以准确判断趋势方向。那么这些投资者就不能做基金趋势定投了吗？

当然不是，一些提供趋势定投模式的基金平台根据投资者设定的标的指数及短、中、长期 3 种均线设定计算趋势规则，自动为投资者判断当前市场的运行趋势。具体规则如下所示。

①当标的指数的短期均线连续向下突破中期均线，且中期均线同样连续向下突破长期均线时，系统判断此时市场为"熊市"状态，并将前期定投的存量资金全部转换为避险基金。

②当标的指数的短期均线连续向上突破中期均线，且中期均线同样连

续向上突破长期均线时，系统判断此时市场为"牛市"状态，并将前期转到避险基金的资金又转入高风险目标基金。

③当定投首次扣款时，标的指数的趋势特征没有明确地显示"牛熊市"，即"非牛非熊"状态，则不操作，定投过程需经历"牛市"状态后，再进入"熊市"状态，才将存量资金进行转换。

下面介绍一款基金软件华安基金，它提供的基金定投策略便是趋势定投，我们一起来认识一下。

实例分析

华安基金趋势定投策略查看

打开华安基金App并登录账号，进入首页。在页面中点击"智能交易"按钮，进入智能交易页面。随后在该页面中选择"趋势定投"选项，如图 5-23 所示。

图 5-23　选择"趋势定投"选项

进入趋势定投页面，在该页面中向投资者详细介绍了趋势定投的策略内容，了解完后点击"＋新建趋势定投"按钮。进入"添加趋势定投"页面，在页面中根据提示输入定投计划名称，然后在"买入基金"后点击"请选择买入基金"超链接，如图 5-24 所示。

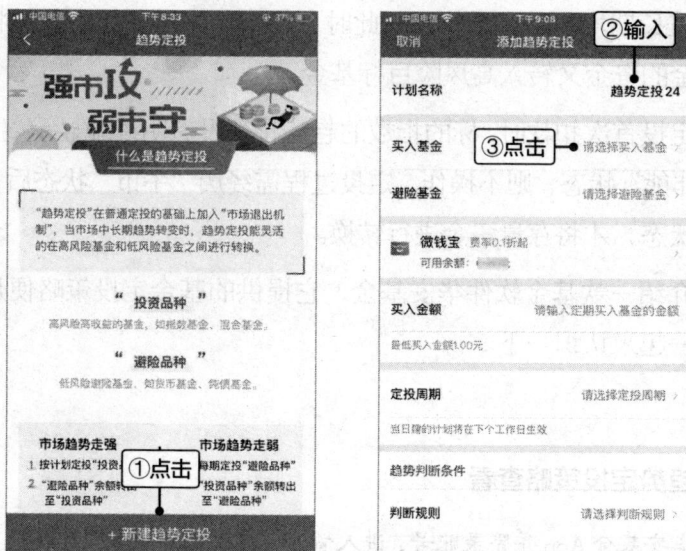

图 5-24　添加趋势定投计划

　　进入"选择买入基金"页面，在基金列表中选择合适的目标基金。平台自动返回至添加趋势定投页面，在页面中点击"请选择避险基金"超链接，如图 5-25 所示。

图 5-25　选择避险基金

　　再次进入选择基金页面，此时页面提供的是低风险避险基金列表，在基金列表中选择合适的避险基金。随后页面返回至"添加趋势定投"页面，根据页面提示设置买入金额和定投周期，并在趋势判断条件下方点击"请选择判断规则"超链接，如图 5-26 所示。

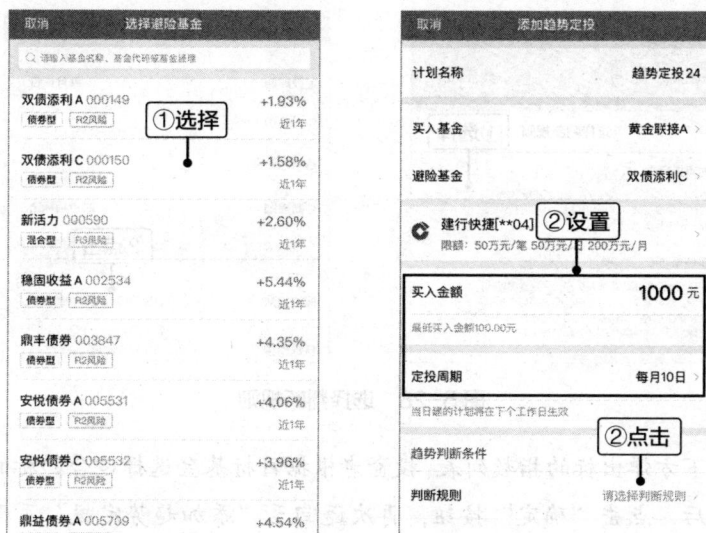

图 5-26　点击"请选择判断规则"超链接

　　页面下方弹出两种趋势判断规则，即"时点指标法"和"事件驱动法"。其中，事件驱动法是我们在前文中介绍过的一种判断规则，这里就不赘述了。时点指标法相比事件驱动法而言，判断方法更为激进，即当长、中、短期均线按照从高到低空头排列时则判断弱势，其余为强势。如图 5-27 所示为空头排列的均线示意图。

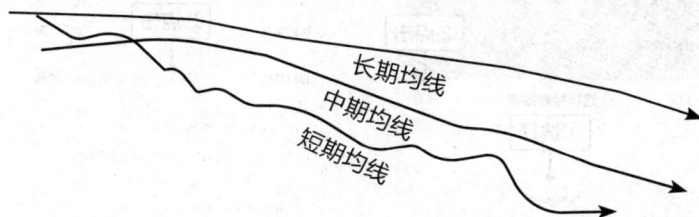

图 5-27　空头排列

　　投资者可以根据自己的投资风格和风险承受能力来选择。这里选择"时点指标法"选项，如 5-28 左图所示。

选择完成后，页面自动跳转回"添加趋势定投"页面，在页面中点击"标的指数"后的"请选择趋势判断的标的指数"超链接，如 5-28 右图所示。

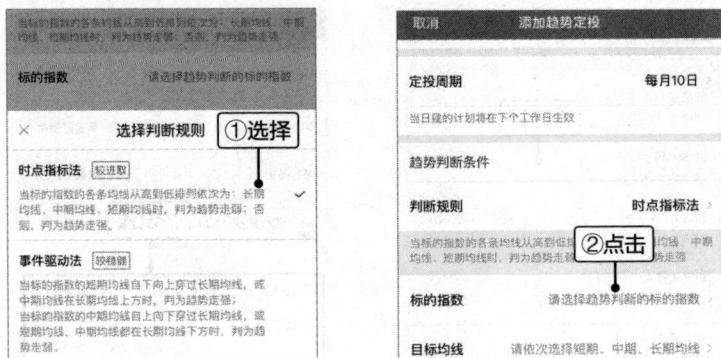

图 5-28　选择判断规则

页面下方弹出标的指数列表，投资者根据目标基金选择适合的标的指数。选择完成后，点击"确定"按钮，再次返回至"添加趋势定投"页面。在页面中点击"目标均线"后的"请依次选择短期、中期、长期均线"超链接，如图 5-29 所示。

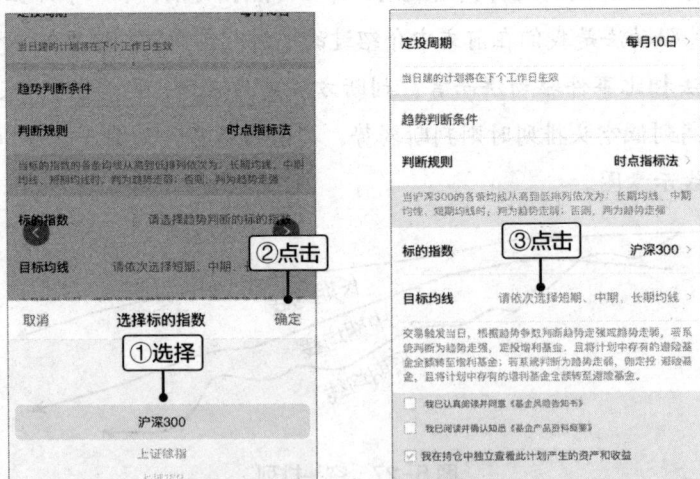

图 5-29　选择标的指数

页面下方弹出均线选项，向下滑动滑块分别选择短期、中期和长期均线，再点击"确定"按钮。页面返回至"添加趋势定投"页面，在页面下方阅读完

《基金风险告知书》和《基金产品资料概要》后选中前面的单选按钮，再点击"下一步"按钮，如图 5-30 所示。

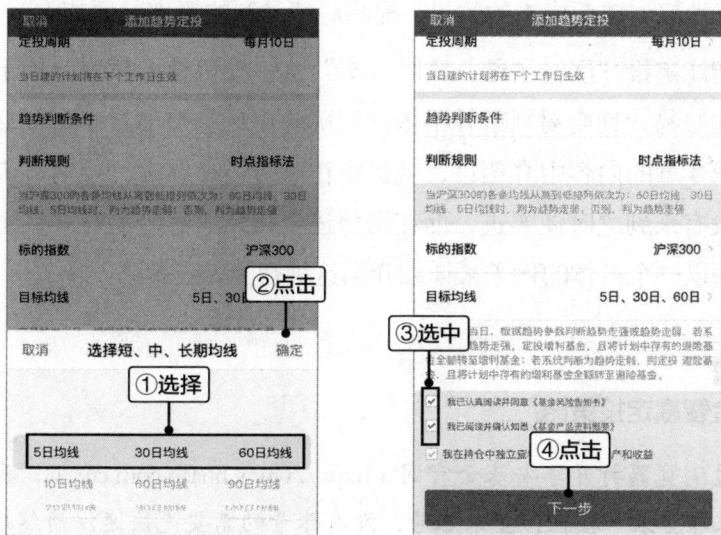

图 5-30　点击"下一步"按钮

随后平台会向投资者确认基金定投计划的详细内容，投资者确认无误后，根据页面提示输入支付密码即可开启趋势定投。

趋势投资也被称为顺势投资，即投资者紧跟着市场的动向走势来调整自己的投资策略，这样的投资可以更安全，收益率也更高。此外，平台根据趋势判断规则自动为投资者判断市场趋势，准确把握趋势变化，避免投资者错过投资机会，也使得投资更加便捷。

5.2.6　引入止盈策略的智能定投

在前面第 4 章我们介绍了很多基金止盈方法，以便投资者能够在合适的位置及时止盈，获利了结离场。相应的，有这么一种基金智能定投模式，它直接引入了止盈策略，能够根据投资者基金定投计划的投资收益情况，自动实现适时获利了结，或适时加大投资力度，即"涨时了结，跌时多买"。

换言之，当投资者的基金定投盈利达到一定程度时，平台自动为投资者赎回了结，将收益落袋为安。而当基金定投计划亏损达到一定程度时，为了更好地起到摊低成本的效果，提高后续盈利的概率，便加大买入金额。

从智能定投"涨时了结，跌时多买"这一投资核心来看，属于比较典型的左侧交易，其交易判断并不依靠明确的市场趋势信号。左侧交易我们在前面第4章的内容中介绍过，就是指在跌势还在继续、行情还未见底、涨势尚没有来到之时便买进，而在涨势还未结束、基金还在继续上涨时卖出。下面以一个具体的例子来详细介绍这种智能定投策略。

实例分析

华安基金智赢定投策略

通过浏览器打开华安基金官网（https://www.huaan.com.cn/），有账号的单击"立即登录"按钮，登录账号，没有账号的需要先快速注册然后登录。这里直接登录账号，如图5-31所示。

图5-31　进入官网首页

登录账号后页面跳转至"我的账户"页面，在页面中单击"智能交易"选项卡，如图5-32所示。

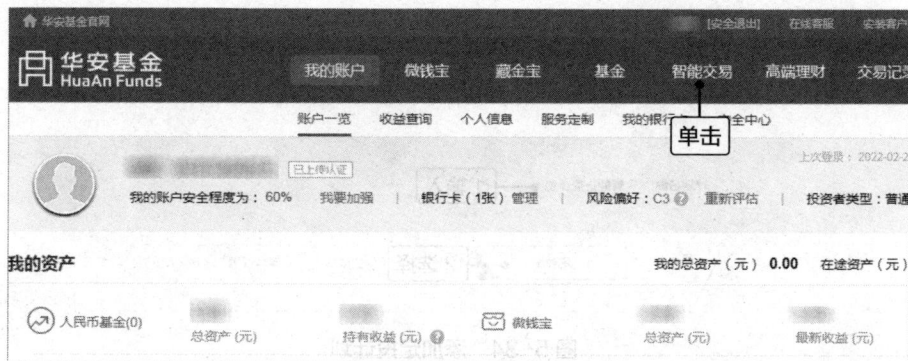

图 5-32　单击"智能交易"选项卡

进入智能定投介绍页面，在所有产品栏目中选择"智赢定投"选项，如图 5-33 所示。

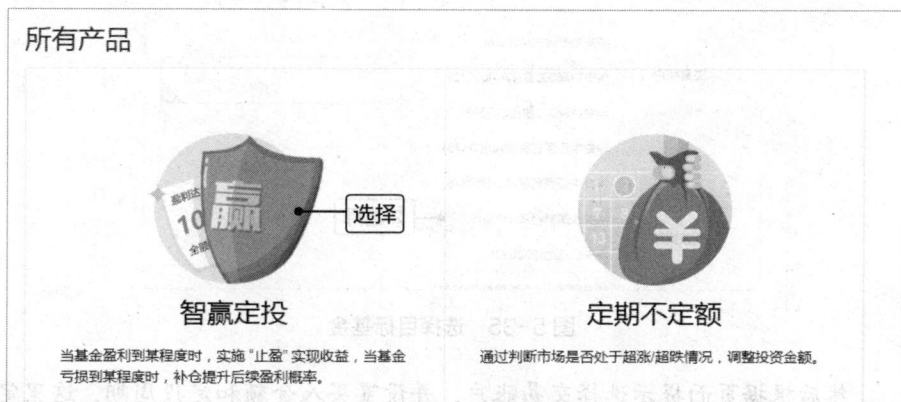

图 5-33　选择"智赢定投"选项

进入"添加智赢定投计划"页面，并根据提示输入计划名称，这里输入"智能止盈计划"。然后在计划参考位置自行选择，新手投资者可以选择"参考设置一（华安宝利）"或者是"参考设置二（华安 A 股）"选项，选中之后，平台自动为投资者进行了智赢定投参数设置，不需要投资者再操作。对于有经验的投资者可以选择"不参考"选项，如图 5-34 所示。

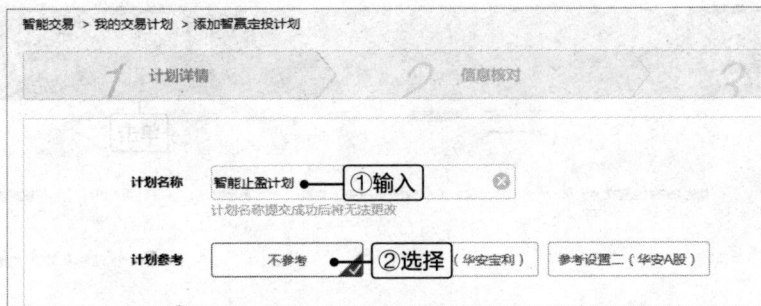

图 5-34　添加定投计划

然后单击买入基金后的"🔍"按钮选择目标基金，这里选择"华安大国新经济（000549）"基金选项，如图 5-35 所示。

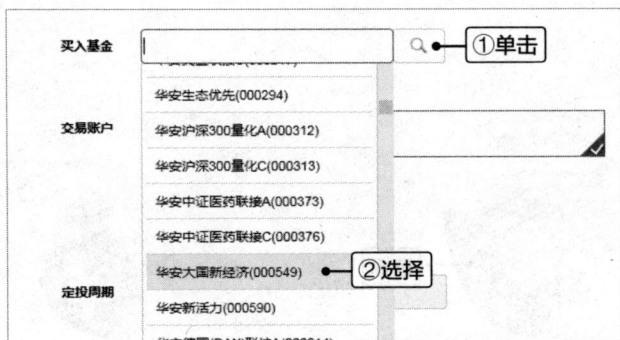

图 5-35　选择目标基金

然后根据页面提示选择交易账户，并设置买入金额和定投周期，这里定投周期设置为"每月 10 日"，买入金额设置为"1 000.00"元，如图 5-36 所示。

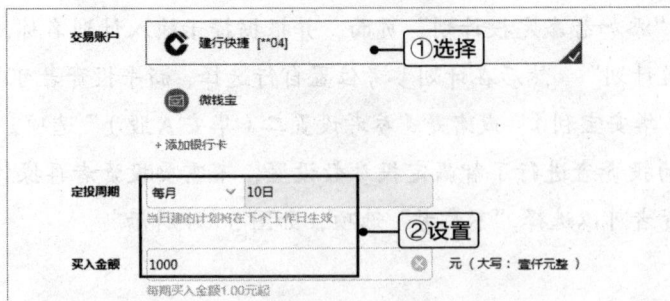

图 5-36　设置定投周期和买入金额

继续下滑页面，在"盈利达到"文本后设置目标盈利率，即盈利达到多少时自动赎回，平台默认为"10%"，投资者可以自行设置。投资者可以单击"⌄"按钮自行选择，完成后在"全额卖出至微钱宝"后单击"⌄"按钮，可以修改基金赎回金额，这里选择"仅本金卖出至微钱宝"选项，如图 5-37 所示。

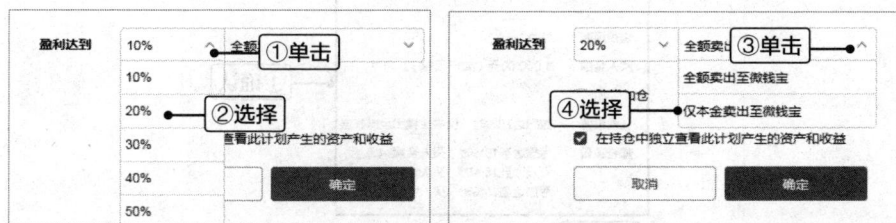

图 5-37　设置目标盈利率和基金赎回金额

完成后，选中"阶梯加仓"文本前的单选按钮，打开加仓阶梯。平台默认提供了 3 个加仓阶梯，即"亏损达到 10%""亏损达到 15%"和"亏损达到 20%"时，买入金额分别上涨为"买入金额 ×1.5""买入金额 ×2"和"买入金额 ×3"，投资者如果认同这一阶梯加仓方式，单击下方"确定"按钮即可，也可以单击每个参数后的"⌄"按钮，对参数大小进行调整。如图 5-38 所示。

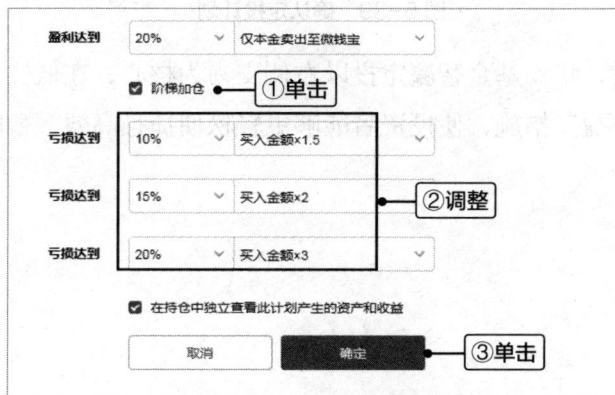

图 5-38　调整阶梯加仓参数

页面跳转至信息核对页面，核对定投计划无误后，阅读《基金风险告知书》和《基金产品资料概要》，完成后选中前面的复选框，并在下方输入交易密码和附加码，最后单击"确定"按钮，即可完成基金智赢定投计划的添加，如图5-39所示。

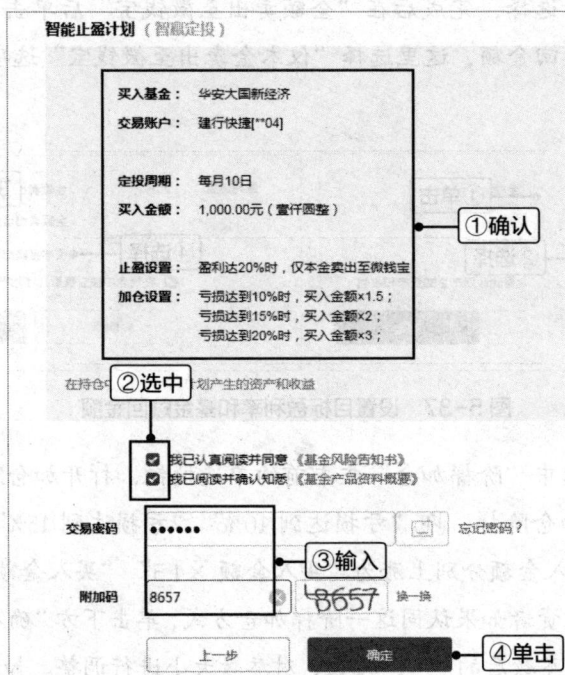

图5-39 确认定投计划

总的来看，华安基金智赢定投以左侧交易为核心，在低位多投的基础上添加了"止盈"措施，使投资者能够更轻松便捷且高效、智能地实现基金定投。

第 6 章

/ 组建定投组合，提高投资盈利的胜算 /

　　基金市场中的基金不仅种类多，数量也多，稍有不慎，投资者可能会选择到一只质量不佳、前景不明的基金，那么定投结果就比较堪忧了。那么，怎样才能降低基金筛选带来的风险呢？鉴于此，采用基金组合定投，将资产同时投入到不同的基金中，以降低整体收益的波动，提高定投获胜的概率。

- 组合投资分散投资风险
- 不同基金组合形成对冲降低系统性风险
- 单一基金与基金组合投资的比较
- 哑铃式基金组合
- 核心卫星式基金组合

6.1　组合出击，威力更大、风险更低

基金作为投资市场的一个重要组成部分受到了投资者的青睐。随着基金投资者的不断增加，基金数量也在不断增加。很多基金投资者，尤其是一些缺乏投资经验的新手投资者，常常会陷入基金选择的纠结之中，往往都是听别人说这只基金赚钱，便立即买入该只基金。

这样一来，显然投资结果不佳。要知道，还有一种投资方法，即基金组合投资，将不同类型的基金组合起来进行投资，分散市场的风险，还能增强投资的稳定性，使投资的效果更好。

6.1.1　组合投资分散投资风险

组合投资简单来说，就是将资金投入不同的基金产品中，而不是传统的单一基金产品投资。要知道，只要是投资就存在风险，只是不同的产品其投资风险高低有所不同。

因此，在投资市场中，投资者是无法完全规避风险的。但是，在收益和风险相对应的条件之下，我们可以想办法分散投资、降低风险，也就是基金组合投资。

基金组合投资的最大优势就是将投资者的资金分散到不同的基金产品上，避免了单一基金产品投资，进而分散了投资风险。基金组合投资分散风险的原理非常简单，下面举个例子说明。投资者将资金分别投入10个基金产品上，形成基金组合，如果其中某一只基金下跌，亏损严重，但其他9只基金走势良好、涨势喜人，那么该投资者总的投资结果还是盈利的。但是，如果投资者做单一基金投资，不小心将所有资金全部投在那只下跌的基金上，那么投资者的此番投资就是失败的。

由此可以看出，基金组合投资实际上是分散投资风险的一个重要手段，投资者可以通过灵活配置关联性较低的不同基金品种，构建基金组合，最大化地分散投资风险。

　　投资者在构建基金组合时要注意，基金产品之间彼此的关联性要低。如果基金组合中基金产品关联性较强，则不能真正起到分散投资风险的作用。

实例分析
无效的基金组合分散投资

　　例如，投资者将资金投入 3 只基金中，分别是汇添富消费行业混合（000083）、易方达消费行业股票（110022）和嘉实新消费股票（001044）。如图 6-1 为汇添富消费行业混合基金 2020 年 4 月至 2022 年 2 月的基金单位净值走势。

图 6-1　汇添富消费行业混合基金单位净值走势

　　从图中可以看到，该基金前期表现上涨行情，基金单位净值一路向上攀升，最高上涨至 10.00 元价位线附近。随后基金净值见顶下跌，转入下跌趋势之中。虽然在下跌途中出现回调，但每次上涨力度不大，很快转入之前的下跌趋势之中。

　　下面再看看易方达消费行业股票基金，如图 6-2 所示为易方达消费行业股票基金 2020 年 4 月至 2022 年 2 月的基金单位净值走势。

图6-2　易方达消费行业股票基金单位净值走势

　　从图中可以看到，易方达消费行业股票基金的单位净值走势与汇添富消费行业混合基金单位净值走势几乎一致，也是前期表现上涨，随后在2021年2月见顶回落，转入下跌趋势之中。

　　再看嘉实新消费股票，如图6-3所示为嘉实新消费股票基金同一时段的基金单位净值走势。

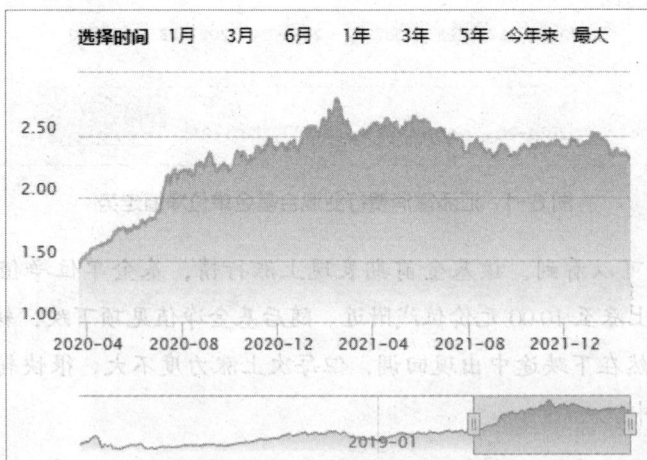

图6-3　嘉实新消费股票基金单位净值走势

不难发现，嘉实新消费股票基金的单位净值走势与前面两只基金的单位净值走势也几乎一致，也是前期表现上涨，随后在 2021 年 2 月见顶回落，转入下跌趋势之中。

这是为什么呢？我们仔细观察这 3 只基金可以发现，3 只基金都是以投资消费行业个股为主的基金，所以，3 只基金的股票持仓类似，走势也相同。因此，如果投资者将资金分别投入这 3 只基金并不能起到分散风险的作用，这样的投资组合可以视为无效的投资组合。

根据案例，我们了解到关联性强的基金组成投资组合属于无效的，那么，我们应该怎样来组建低关联性的基金组合呢？

其实，想要组建低关联性的基金组合并不难，可以从基金的投资风格入手，在组建基金组合时不要选择一种投资风格，例如成长风格、价值风格、均衡风格，规模上可以选择大盘、中盘或小盘搭配，这样灵活组建多种投资风格、低关联性的基金，才能更稳健地应对各种行情。

6.1.2　不同基金组合形成对冲降低系统性风险

基金投资组合在投资收益上不一定高于单只基金投资，但是其收益稳定性一定高于单只基金投资，使投资更稳健、风险也更低。

假设在牛市行情中，市场中的股票普遍呈现大幅上涨，这时投资者如果做单只股票基金投资，其收益必然高于多只基金组合投资，因为为了让基金组合可以更稳健，以应对市场的行情变化，在基金组合中除了配置股票基金外，常常还会配置债券基金和货币基金等。这样的组合配置，在牛市行情中必然会降低投资收益。

但是，如果市场处于熊市行情中，市场中的股票普遍表现下跌，此时单只基金投资的损失必然要高于基金组合投资。因为基金组合中的货币基金、债券基金形成对冲，降低了股市风险，也降低了投资者的损失程度。所以，尽管组合投资可能收益性不是最高的，但却是最稳健的。

另外，投资者在实际的基金组合组建过程中也不可完全脱离市场行情来配置，即要求投资者在搭建基金组合时应该分析研究市场行情变化，以便搭建最优基金组合。在牛市行情中，可以加大基金组合中股票基金的比例，适当降低债券型基金和货币型基金的比例，以提高投资收益；在熊市行情中，则应加大货币型基金和债券型基金的比例，适当地减少股票型基金的比例，以降低系统性风险。

6.1.3　单一基金与基金组合投资的比较

前面我们提到过很多基金组合投资的优点，那么，基金定投到底是单只基金好呢？还是基金组合好呢？对于这个问题并没有统一的标准答案，如果投资者有精准、独到的眼光，能够选择到真正优质、有发展潜力的基金，并看好它的后期发展，那么此时单只基金定投并不失为一种好的投资方法。

但是，如果投资者只是普通投资者，或者是缺乏投资经验的新手，那么此时做单只基金定投风险较大，反而做基金组合定投风险更低，收益更平滑，也更适合。

除了从投资经验上来比较选择外，我们还需要了解两者在投资上存在哪些区别，具体如表 6-1 所示。

表 6-1　单只基金与基金组合比较

项　　目	单只基金	基金组合
投资风险	单只基金投资风险波动较大，且不可控，投资者个人需要较大的投资风险承受力	基金组合通过不同类型基金的搭配组建，其风险被分散了，相较于单只基金风险更低
投资收益	单只基金收益更高	基金组合收益相对而言更低
投资过程	只需盯紧一只基金，更省心、省力	需要盯紧多只基金，并根据市场情况调整基金组合比例配置，更花费心力

续表

项 目	单只基金	基金组合
投资范围	某只基金	多只不同类型的基金
手续费用	按照单一基金费率计算	按照组合中各个基金的费率计算整体手续费用，投资成本更高

根据比较可以看到，单一基金投资与基金组合投资各有优势，并不存在孰优孰劣之分，只是基金组合更适合普通投资者，而单一基金投资则更适合专业投资者。

此外，在基金组合投资中还提到，因为基金组合中的基金数量较多，所以投资者需要花费更多的精力来盯紧基金，调整基金比例。鉴于此，投资者在组建基金组合时就要注意，基金组合中不要购买数量过多的基金，一般 5 只左右即可，如果数量过多，一方面资金会过于分散，投资收益会降低，另一方面也会增加投资者的管理难度。

6.2 基金定投组合如何组建

基金组合定投中，组建一个科学合理的基金组合是关键，但是什么样的基金组合才算是一个合格的基金组合呢？想必对于这个答案，不同的人有不同的看法，因为每个人承受风险的能力不同，投资眼光也不同，对市场的走向分析也不同，所以，很难有一个基金组合能够满足大部分投资者的心意。本节内容重点介绍典型的 3 种基金组合模型，可以帮助投资者更好地组建符合自己心意的基金组合。

6.2.1 哑铃式基金组合

哑铃式基金组合是基金组合中比较典型的一种组合模式，它的核心在于选取两种风格截然不同的基金产品进行组合，便于形成优势互补。

哑铃式投资组合属于两种集中的分布策略，就像是哑铃一样只有左右两头，由两种不同风险收益特征的基金组合而成，例如"股票型和混合型等权益类基金 + 债券型和货币型等固收类基金""大盘风格基金 + 中小盘风格基金"或者"价值型基金 + 成长型基金"等，如图 6-4 所示。

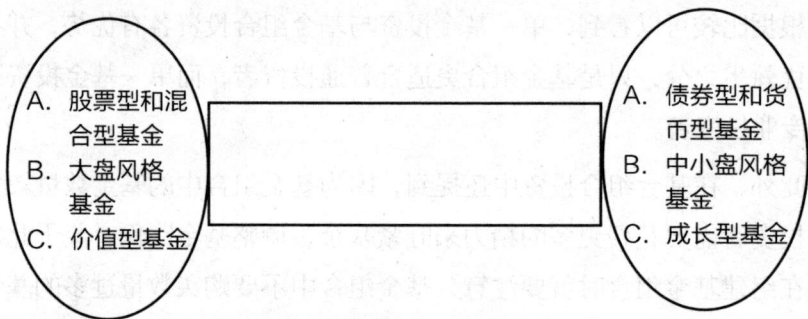

A. 股票型和混合型基金
B. 大盘风格基金
C. 价值型基金

A. 债券型和货币型基金
B. 中小盘风格基金
C. 成长型基金

图 6-4 哑铃式基金组合

从哑铃式基金组合的示意图可以看到，这种基金组合构建方式非常简单，就是将两只关联性较低的基金进行组合，以应对板块效应。即便是新手投资者也能快速上手。虽然简单，但是投资者只要能够严格执行这样的投资组合，就能战胜大部分市场投资者。

下面我们来看一个哑铃式基金组合的投资案例。

实例分析
"沪深 300+中证 500" 哑铃式基金组合

沪深 300 和中证 500 是比较经典的哑铃式组合。首先沪深 300 指数是由沪深市场中市值最大、流动性最好的 300 只股票组合而成，它们代表的是各个领域的龙头企业，这些企业有望持续发展。

而中证 500 指数则是 A 股市场剔除沪深 300 指数成分股及总市值前 300 名股票后，由总市值排名靠前的 500 只股票组成，代表了市场的未来发展方向。

　　换言之，沪深 300 指数和中证 500 指数是完全不同的两种指数，沪深 300 指数代表的是大盘价值，中证 500 指数代表的是中盘成长。两个指数互相组合可以形成优势互补，增强投资效果。

　　如图 6-5 所示为沪深 300 指数和中证 500 指数 2020 年 4 月至 2021 年 10 月的 K 线走势图。

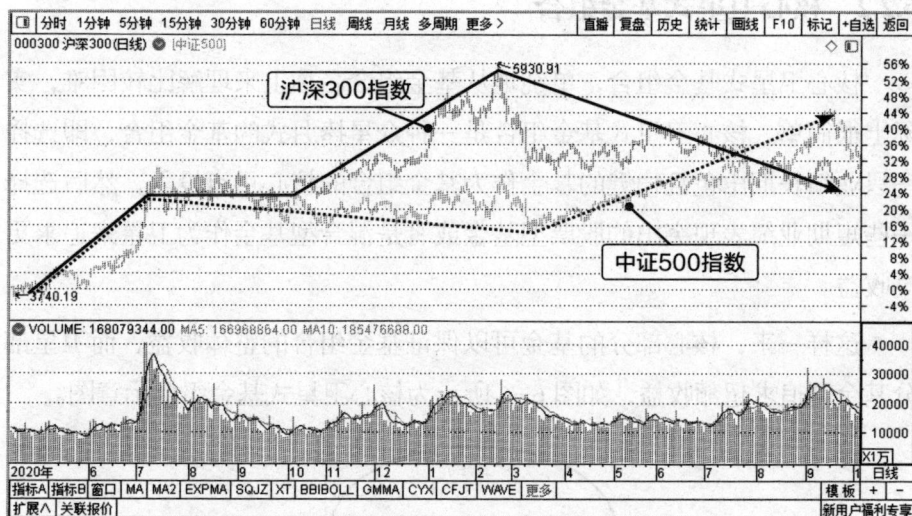

图 6-5　沪深 300 指数和中证 500 指数的 K 线走势

　　从图中可以看到，前期沪深 300 指数和中证 500 指数走势相同，都呈现上升走势，但是随后走势却出现差异。2020 年 7 月，沪深 300 指数上涨至 4 800 点附近止涨横盘 3 个月左右后继续向上攀升，最高上涨至 5 930.91。但与此同时，中证 500 指数却并没有随着沪深 300 指数一起向上攀升，而是在 7 月止涨横盘一段时间后向下小幅滑落。

　　2021 年 2 月，沪深 300 指数创下 5 930.91 点的新高后止涨下跌，转入下跌趋势中，指数不断下移。与此同时，查看中证 500 指数却发现，中证 500 指数在 2021 年 3 月上旬止跌回升，转入上升趋势之中。

　　所以，如果投资者持有沪深 300 指数基金和中证 500 指数基金组合，就能形成优势互补，在 2020 年 10 月至 2021 年 2 月这一段时间，尽管中证 500

指数小幅下跌，但是沪深300指数却大幅上涨，投资者同样可以享受上涨收益。而在2021年3月至9月的这一段，虽然沪深300指数向下滑落，但是中证500指数却向上快速攀升，同样可以降低沪深300指数下跌给投资者带来的损失。

6.2.2 核心卫星式基金组合

核心卫星式基金组合，单纯地从基金组合名称上来理解比较困难，实际上很简单。核心卫星式基金组合是一种众星捧月式的基金组合，即选择一只业绩长期出色且稳健的基金作为基金组合的核心重点投入，然后选择一些短期业绩表现突出的股票型基金或者是混合型基金作为卫星来追求更高收益。

这样一来，核心部分的基金可以保证基金组合的整体收益，而卫星部分基金则追求超额收益，如图6-6所示为核心卫星式基金组合示意图。

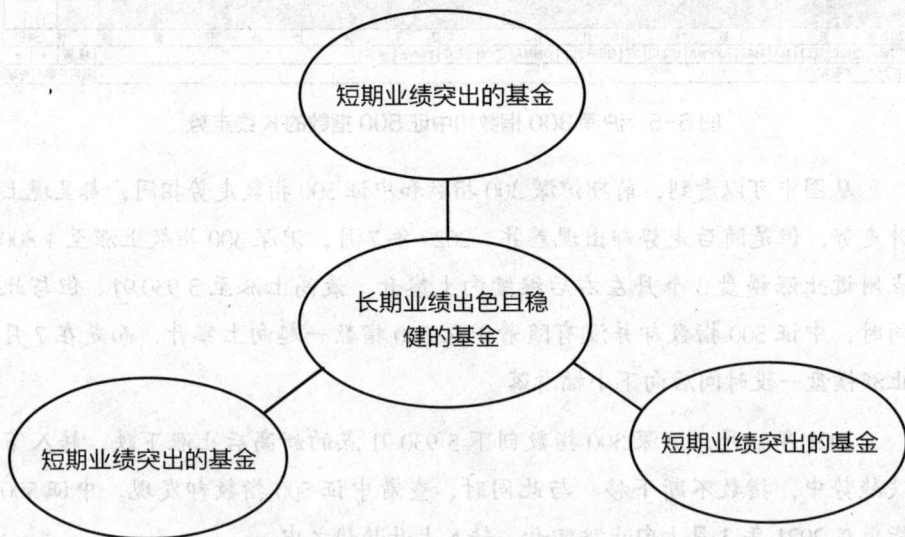

图6-6 核心卫星式基金组合

从图中可以看到，核心卫星式基金组合主要包括核心和卫星两个部分。

两者在基金组合中扮演着不同的角色，起着不同的作用。

其中，核心部分是核心卫星式基金组合的主要部分，也是投资者大部分投资资产的归属地，其主要目的在于控制基金组合的风险，获取相对稳健的收益。所以，核心部分应该选择业绩长期表现良好且走势稳健的基金。

那什么样的基金属于稳健型的适合做核心的基金呢？我们可以从以下两个方面来进行分析。

（1）从基金的持仓范围来看

在实际投资中，判断基金稳定性时可以从基金的持仓范围来进行判断，一般来说，基金的持仓范围越广泛，受到的板块联动影响越小，就越稳定；反之，持仓范围越窄的基金，越容易受到影响，越不稳定。

例如，招商中证白酒指数（LOF）A（161725）基金，其 5 年来单位净值走势如 6-7 左图所示，基金股票持仓情况如 6-7 右图所示。

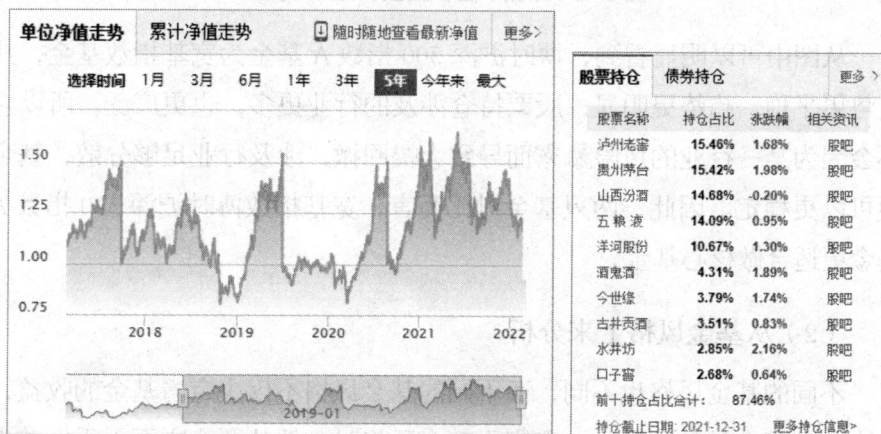

图 6-7　基金单位净值走势与股票持仓

从图中可以看到，招商中证白酒指数（LOF）A 基金是以中证白酒指数为标的指数，按照标的指数成分股组成及其权重构建基金股票投资组合，所以，股票持仓都为白酒股票，基金单位净值走势受到白酒指数影响较大，所以波动较大，稳定性较差，急涨急跌现象比较常见。所以，这样的基金并不适合作为核心卫星式基金组合的核心基金。

反观博时沪深300指数A（050002）基金，其5年来单位净值走势如6-8左图所示，基金股票持仓情况如6-8右图所示。

图6-8 基金单位净值走势和股票持仓

从图中可以明显看到，博时沪深300指数A基金为宽基指数基金，其走势更平稳，趋势更明显，股票持仓涉及的行业更多，也更广泛，所以它不会因为某一行业的风险暴露而导致大幅回撤，涉及行业足够分散，基金便可以更稳定。因此，两只基金对比而言，宽基指数博时沪深300指数A基金更适合做核心基金。

（2）从基金风格上来分析

不同的基金风格也不同，而不同的基金风格不仅决定着基金的收益，还决定着基金具备的风险。在查看基金风格时主要从两个方面入手，首先是市值，即常说的大盘、中盘和小盘风格。

通常大盘风格的基金经理认为大盘股的股价和公司经营更稳定，投资这些公司风险较低，可以获得比较稳定的长期收益；小盘风格的基金经理则认为小盘股具有较高的流动性，同大盘股相比更容易获得较高的收益回报。而中盘则介于大盘和小盘之间，所以从稳定性来看，大盘风格基金>中盘风格基金>小盘风格基金。

除了从市值来判断外，还可以从基金的估值情况来判断，即成长风格、价值风格和平衡风格。其中，价值风格基金追求的是中长期稳定收益，所以它的投资对象是具备了一定价值的股票，对应的上市公司业务成熟、经营稳定。成长风格基金则不同，它追求的是更高收益回报，其股票标的的收入和利润不稳定，但是主营业务收入增长率、净利润增长率较高。

平衡风格则兼具了价值和成长两种风格，即综合考虑了基金的成长和价值指标。也就是说，平衡风格基金的基金经理要找寻具有持续增长潜力，但价格又要合理或者被低估的股票，不会一味追求成长性而忽略股票价格。所以，从稳定性来看，价值风格>平衡风格>成长风格。

因此，综上所述可以得出，核心策略基金应该是过往业绩稳定、涉及行业广泛的基金，可以是宽基指数基金、配置了两三个行业或以上的主动混合型基金及均衡风格基金。

核心卫星式基金组合中卫星部分的基金选择与核心完全不同，它的目的在于以小博大，以寻求更大的投资回报，其特点为小而灵活，以便积极进取，即使投资失败，因为占据本金比例较低而不会对整个投资组合产生较大影响。所以，卫星部分的基金筛选与核心完全相反，应选择一些投资风格比较激进的基金类型。例如选择行业主题基金，包括细分行业相关基金、重仓小盘股基金、持仓相对集中于个别行业的基金或者持仓股票数量少且集中度高的基金。

虽然上述策略看起来比较简单，也比较好组建，但是在实际投资中对投资者的研究分析能力也有一定的要求。投资者需要对市场变化、行业发展走向有一定程度的认识与研究，才能配置出比较合适的核心卫星式基金组合。

6.2.3　金字塔形基金组合

金字塔形基金组合是一种比较灵活，实际投资中运用较多的一种基金组合。它从下到上开始配置，底端配置稳健的债券基金或货币基金这类基金品种作为金字塔的底部，为基金组合提供一个稳定的基础；在金字塔的"腰部"则配置一些风险适中的混合基金和指数基金，承受中风险的同时兼顾收益；在金字塔的"塔尖"部分则配置高成长性、高风险的股票型基金，以博取超高收益。因为各个部分的资金比例从下到上逐渐减少，形似金字塔而被称为金字塔形基金组合，如图6-9所示。

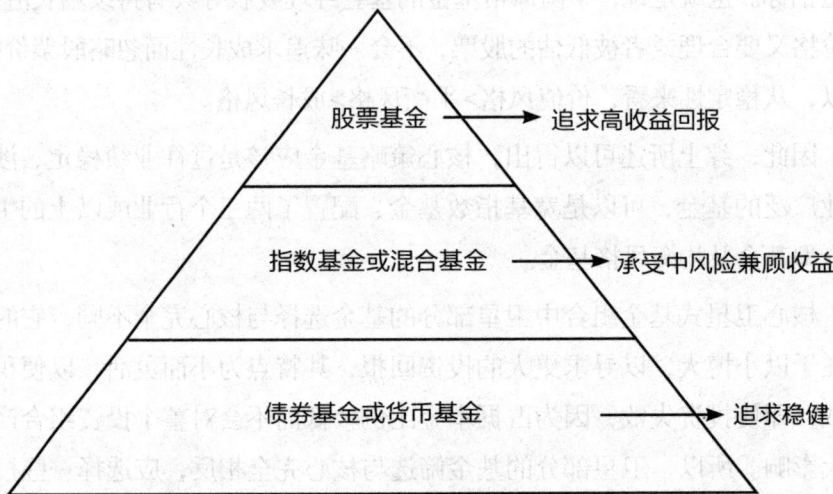

图6-9　金字塔形基金组合

从图中可以看到，金字塔形基金组合分为3层，但在实际投资中，投资者可以根据具体需要调整层数为4层或5层都可以，只要遵循风险越大资金占比越小即可。

具体的资金占比情况，投资者可以根据自己的投资目标、风险承受能力及经济状况等来做适当的调整。如果是3层金字塔，投资者可以将资金比例设置为"50%：30%：20%"；如果是4层金字塔，投资者可以将资金比例设置为"40%：30%：20%：10%"。

金字塔形基金组合虽然看起来比较复杂，但实际上却比较简单，只要坚持风险越小的基金产品资金比例越大，风险越大的基金产品资金比例越小，这样依次向上逐渐减少即可。甚至很多投资者日常投资中在不知道的情况下就已经开始了金字塔基金组合。

最后，金字塔形基金组合是一种比较稳健的基金组合形式，比较适合稳健型的投资者，以及一些新手投资者。

6.3　根据实际情况搭建合适的基金组合

搭建基金组合时除了需要学习一些经典的基金组合模型外，还要结合自身实际情况及当下的市场行情进行分析考量，这样搭建出的基金组合才是最适合自己的。

6.3.1　根据投资者的投资偏好组建

基金组合从投资比例的角度来进行划分，可以将其分为固定比例的基金投资组合和浮动比例的基金投资组合。固定比例基金投资组合指的是投资者在投资之初根据自身所能承受的风险程度制定恒定的投资比例组合，一旦确定比例之后就选择对应的基金产品进行投资，之后不再做比例调整。

浮动比例基金投资组合则是根据市场中的行情变化情况灵活地调整各只基金的比例，如果市场处于风险较大的高位时，则降低高风险基金的投资比例，加大低风险基金的投资比例；反之，如果市场处于估值偏低的低位时，则增大高风险基金的投资比例，降低低风险基金的投资比例。

两种基金组合相较而言，固定比例基金组合因为固定了各只基金的投资比例，所以，在后续的投资过程中更省时省力，也能锁定较长时间的风险收益特性，比较适合一些对市场走向没有明确判断的投资者。而浮动比例基金组合则需要投资者投入更多的时间和精力来对基金组合进行管理，而且如果投资者对市场缺乏一个清晰、准确的判断，则很有可能转入错误的投资中。

在两种基金组合中我们这里重点介绍第一种固定比例基金组合。这类基金组合是根据投资者个人的投资偏好来确定各种类型的基金比例，进而形成的基金组合。

一般情况下，根据投资者的风险投资偏好，我们可以将其分为积极型投资者、稳健型投资者和保守型投资者，不同投资偏好的投资者具有不同的投资特点，所以，在基金组合中配置的基金资产比例也不同。

（1）积极型投资者

积极型投资者在投资中相较于投资风险，他们更看重此番投资能够获得的投资回报。所以，这类投资者的风险承受能力偏高，更倾向于高风险、高收益的投资。在资产配置中，股票型基金配置比例较高，比较常见的积极型投资者的基金组合如图 6-10 所示。

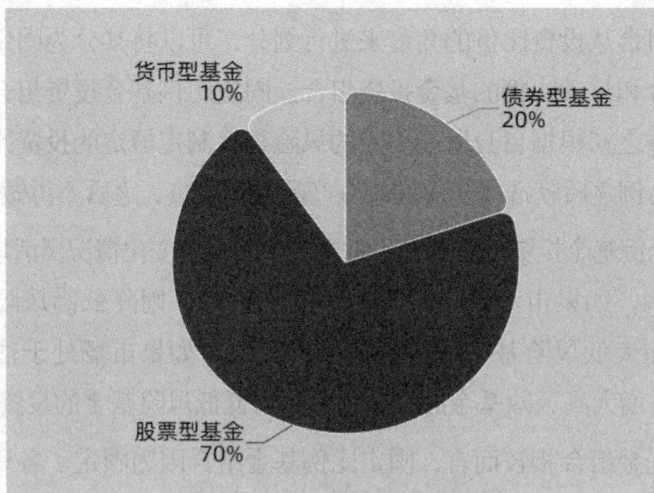

图 6-10　积极型投资者资产配置

（2）稳健型投资者

稳健型投资者既关注投资风险，也不放弃对投资收益的追求，即这一类投资者能够在一定风险承受范围内获取一个较为稳定的收益上涨。所以，这类投资者的基金组合中通常会均衡配置股票型基金、债券型基金及混合型基金。此外，为了应对可能出现的紧急情况，还会配置一定的货币基金。如图 6-11 所示为常见的稳健型投资者基金组合。

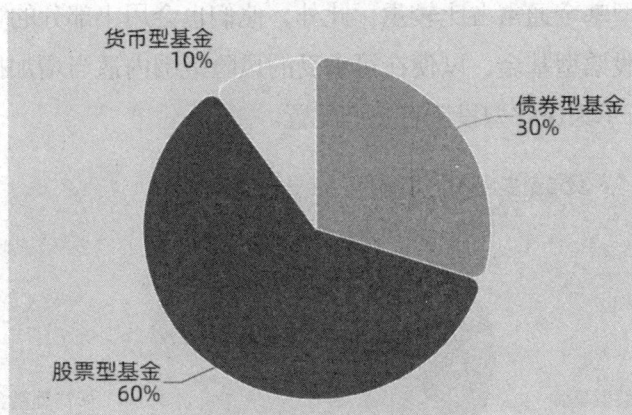

图 6-11　稳健型投资者资产配置（1）

除此之外，如图 6-12 所示也是比较常见的稳健型投资者基金组合资产配置。

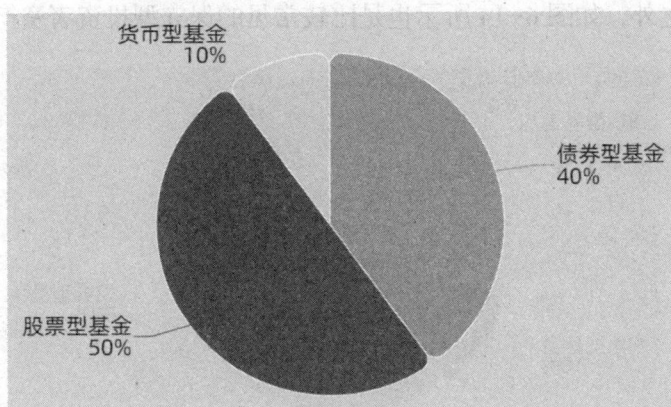

图 6-12　稳健型投资者资产配置（2）

（3）保守型投资者

保守型投资者是风险承受能力最低的一类投资者，他们在投资中相较于投资收益更为关注投资风险，一旦风险超过他们的预期，便会开始紧张，无法承受资产出现大幅度的波动，属于风险厌恶型投资者。

因此，这一类投资者尽管也追求投资收益，但却是相对确定、稳定的投资回报，对于高额的投资回报一般不追求。在这类投资者的资产配置中，稳定的债券型基金通常占比较重，此外，他们也会用小部分的资金投入混合型基金或股票型基金，以便在可承受的风险范围内适当增加投资收益。如图 6-13 所示为保守型投资者资产配置。

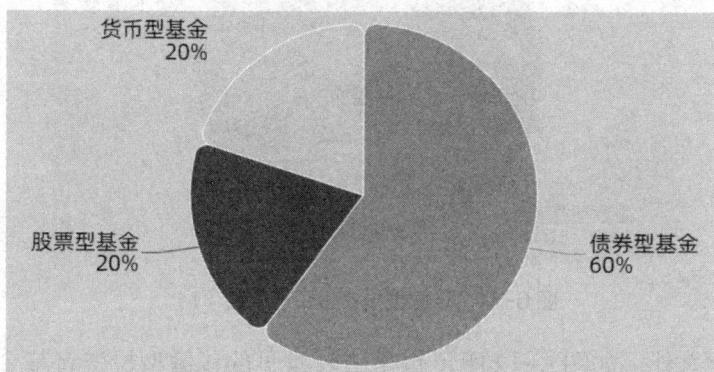

图 6-13　保守型投资者资产配置（1）

除此之外，如图 6-14 所示也是比较常见的保守型投资者资产配置。

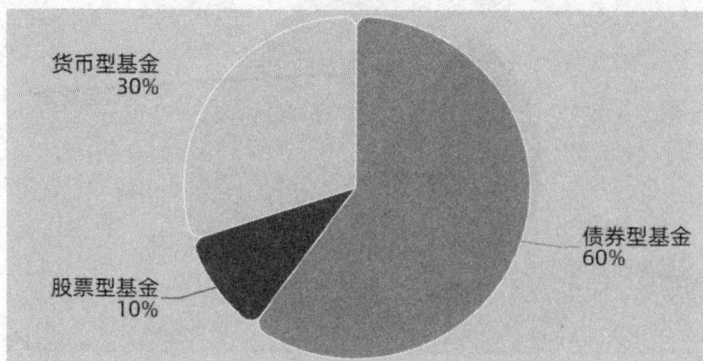

图 6-14　保守型投资者资产配置（2）

当然，上面各种类型投资者的资产配置比例并不是固定不变的，在实际的投资中，投资者可以灵活调整，上述介绍的只是比较常见的各类型投资者的资产配置情况。

如今市面上也有一些基金平台，在推荐基金产品时会以投资者的风险偏好来推荐对应的基金组合。如图 6-15 所示为天天基金网推荐的保守型投资者基金组合。

图 6-15　保守型投资者基金组合

从图中可以看到，除了保守型投资者基金组合外，投资者还可以选择稳健型投资者基金组合和积极型投资者基金组合。投资者可以根据推荐买进相同比例的基金，也可以根据自己的实际需要灵活调整资金比例。

6.3.2　根据不同的投资目标搭建基金组合

通常来说，投资者在投资之初都会有一个大概的投资目标，即通过此次的投资希望能够达到一个什么样的结果。不同的投资目标下，投资者搭建的基金组合也不同。如果某投资者的投资目标是一年期投资实现收益率10%，针对这样的投资目标，基金组合中大部分为高风险的股票型基金并不合适。反之，如果投资者想要一年投资获得 30% 左右的投资回报，在基金组合中大量配置货币基金或债券基金也不现实。

可见，我们搭建的基金组合需要与自己的投资目标相契合，才有可能实现自己的投资目标。基金定投通常为长期投资计划，所以我们制定的投资目标一般以长期为主，比较常见的包括购房、子女教育及养老计划 3 个投资目标。下面分别来介绍。

（1）购房的基金组合定投计划

对于大部分工薪族来说，能够在自己所在城市购买一套属于自己的房子是梦想，也是工作奋斗的目标。但是仅凭每月工资余额还不够，我们还需要通过基金定投的方式，将工资投入基金，使其实现增值。

这类工薪族通常有着固定的收入和每月余额，有一定的风险承受能力，同时也有着较高的理财目标，但是日常生活中可能会出现一些短期、临时性的开销，所以，在定投基金组合时，不宜全部投入股票型基金或偏股混合型基金，应适当配置一些债券型基金或者是偏债混合型基金。

另外，因为这类投资者对投资有较高的理财目标，所以，固收类基金的比例不应过大，控制在 30% 以内是比较合适的，剩余资金可以配置一些风险较高、收益回报较高的股票型基金或偏股混合型基金。

（2）子女教育的基金组合定投计划

子女的教育问题一直是每个家庭的重点，随着子女年龄的逐渐增长，子女需要的教育费用也逐渐增加，尤其是一些有子女留学计划或者进修计划的家庭，需要的教育费用更高。鉴于此，很多家庭在孩子还小的时候就开始为孩子准备教育金，以备不时之需。

为子女筹集教育费用的基金定投的时间周期比较长，一般在 10 年及以上。因此，这类基金组合定投对资金的流动性要求比较低，能够承受较大程度的市场波动，并且子女教育基金组合定投这类理财目标比较高，要求基金组合能够有较高的收益回报。所以，在基金组合中可以大量配置一些风险较高、收益水平也较高的股票型基金或偏股混合型基金。

下面来看一个子女教育基金组合计划的例子。

实例分析

查看"教育智投"基金组合

打开天天基金 App，进入"投顾管家"页面，选择"华夏投顾"选项。进入"查理智投"页面，在页面中可以看到以各种投资目的进行展示的计划列表，如"教育智投"则是以帮助父母建立子女国内外教育的投资计划，选择"教育智投"选项，如图 6-16 所示。

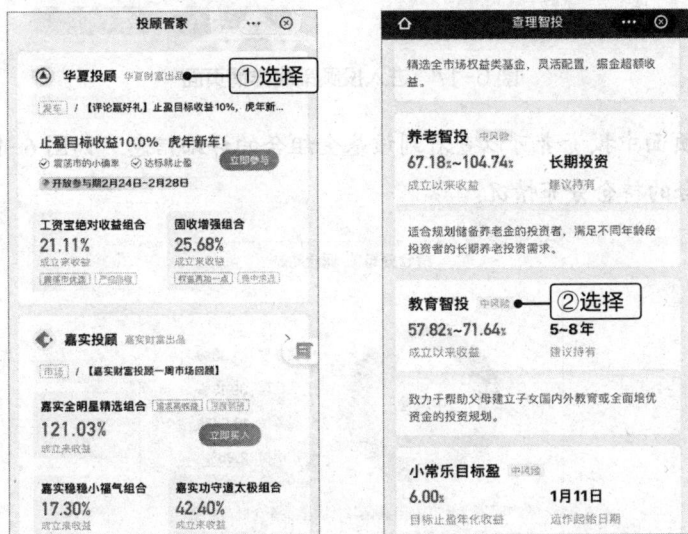

图 6-16　选择"教育智投"选项

页面下方弹出选择策略列表，分别为"常青藤教育基金组合"和"国内培优教育金组合"，这两个基金组合投资计划的区别在于投资期限，常青藤教育适合有海外留学计划的家庭，投资期限为 8 年。而国内培优教育金组合针对的是国内教育规划，投资期限为 5 年。这里选择"常青藤教育金组合"选项，进入"投顾策略详情"页面，如图 6-17 所示。

图 6-17　进入投顾策略详情页面

在该页面中投资者可以查看到该基金组合的详细信息。如图 6-18 所示为该基金组合的持仓分布情况。

图 6-18　持仓分布

从图中可以看到，该基金组合以稳健为主，配置了 40% 以上的债券型基金和 39% 以上的混合型基金，然后配置 16% 以上的高收益、高风险股票型基金。这样的基金组合可以让投资者在一定的风险承受能力之下，获得一个比较稳定的收益增长。

随后我们再进一步查看基金组合中具体的持仓情况，如图 6-19 所示。投资者点击单只基金名称超链接即可进入基金详情页面，查看具体的基金情况。

债券型 41.38%	共5只
天弘增强回报债券C 1.3469 (02-25) +0.28%	10.84%
景顺长城景颐双利债券C 1.5220 (02-25) -0.07%	9.87%
华夏鼎茂债券A 1.1978 (02-25) +0.01%	6.89%
富国信用债券A/B 1.1842 (02-25) 0.00%	6.89%
大摩双利增强债券A 1.1062 (02-25) +0.01%	6.89%

混合型 39.13%	共6只，查看全部
富国价值优势混合 3.7855 (02-25) +0.86%	8.89% 减仓
华安媒体互联网混合C 2.9310 (02-25) +0.72%	6.86% 新增
安信民稳增长混合C 1.2620 (02-25) -0.75%	6.81% 减仓
交银先进制造混合A 4.7868 (02-25) +1.43%	6.05%
易方达环保主题混合 3.9180 (02-25) +1.19%	5.50% 减仓

股票型 16.54%	共3只
信达澳银新能源产业股票 4.8420 (02-25) +1.49%	6.32% 减仓
景顺长城环保优势股票 3.7650 (02-25) +1.02%	6.20% 新增
工银新金融股票A 3.0920 (02-25) +0.78%	4.02%

货币型 2.96%	共1只
华夏现金增利货币A/E 0.5295 (02-27)	2.96%

图 6-19　具体持仓

投资者仔细了解基金组合之后，就可以点击页面下方的"开启定投"按钮，根据页面提示输入密码，展开教育智投的基金组合定投计划。

（3）养老的基金组合定投计划

养老是很多中老年工薪族的首要问题，到了这个年龄的工薪族通常临近退休，子女已经长大且有了各自的生活，所以，他们需要开始为自己的老年生活提前做好打算。

这一类工薪族因为多年的工作积累有了一定的财富，所以，他们的投资目标并不是高收益回报，而是在资产安全的基础上有一定的收益回报即可。简单来说，相比高收益，他们更青睐于低风险、稳定收益，所以，在基金组合中，固收类基金占比较高。

此外，在具体的基金组合搭建中还要考虑投资者的年龄，如果投资者正处于中年或是壮年，距离老年较远，投资期限比较长，可以在基金组合中提高权益类基金的比例。但如果投资者的年龄比较大，距离退休的时间比较近，则应该在基金组合中减少权益类基金的占比，提高固收类基金的比例。

前面介绍的天天基金 App 中同样也有养老基金组合计划，我们接下来看一下。

实例分析
查看"养老智投"基金组合

打开天天基金App，进入"投顾管家"页面，然后通过华夏投顾进入"查理智投"页面，在页面中找到"养老智投"计划。养老智投是针对有养老计划的投资者展开的不同年龄段的养老计划。选择"养老智投"选项，下方弹出不同年龄段的基金组合策略，包括60后智享财富组合、70后智赢人生组合、80后智领未来组合和90后智享自由组合。投资者可以根据自己的实际年龄来选择适合的养老基金组合定投计划，这里选择"80后智领未来组合"选项，如图6-20所示。

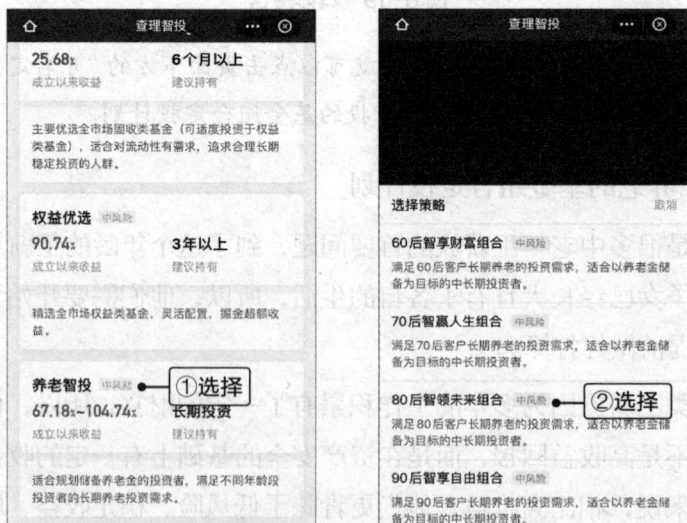

图6-20 选择"80后智领未来组合"选项

进入"投顾策略详情"页面，在该页面可以看到 80 后智领未来组合的详细情况。此时，我们下滑页面查看基金组合的持仓情况，如图 6-21 所示。

图 6-21 查看基金组合持仓情况

因为 80 后距离退休养老还有较长的一段时间，所以，80 后智领未来基金组合中配置了 20.99% 的高风险股票型基金和 64.24% 的中风险混合型基金，债券型基金和货币型基金占比较低。这样的基金组合配比更能获得较高的投资收益。接着查看具体的基金持有情况，如图 6-22 所示为债券基金、货币基金和混合基金的持有情况。

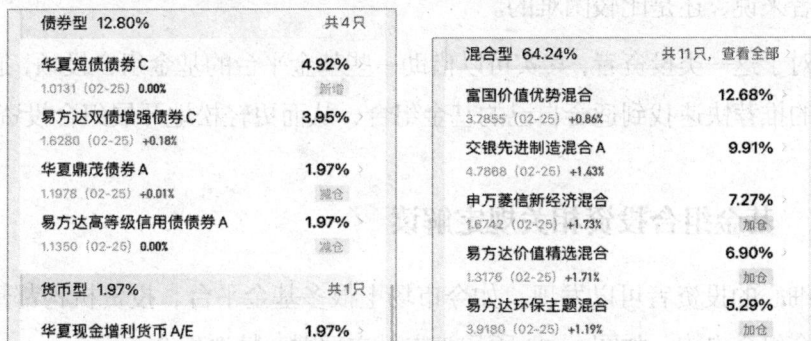

图 6-22 基金持有情况

如图 6-23 所示为股票型基金的持有情况。

股票型 20.99%	共3只
信达澳银新能源产业股票	8.17%
4.8420（02-25）+1.49%	加仓
景顺长城环保优势股票	8.08%
3.7650（02-25）+1.02%	
国富沪港深成长精选股票	4.75%
2.2710（02-25）+0.89%	

图 6-23　股票型基金持有情况

投资者仔细了解了基金组合之后，就可以点击页面下方的"开启定投"按钮，根据页面提示输入密码，展开养老智投的基金组合定投计划。

上述 3 个是比较常见的投资目标基金组合计划，在实际生活中，投资者可能还有各种各样的投资目标，例如买车、出国旅游等。但不管是什么样的投资目标，投资者都需要从投资期限长短、资金流动性及风险承受能力等方面来进行分析，进而搭建出适合自己的基金组合。

6.4　借助基金投顾业务更轻松地做组合定投

基金组合虽然看起来比较简单，只要选择多只基金进行搭配，再做好各自的资金分配即可，但是对于很多投资者，尤其是一些缺乏经验的新手投资者来说，还是比较困难的。

对于这一类投资者，其实可以借助一些基金平台的基金组合投顾，通过他们的推荐快速找到适合自己的基金组合，从而更轻松地开展组合投资。

6.4.1　基金组合投资相关规定解读

细心的投资者可以发现，如今市场上很多基金平台、投资机构都暂停了基金组合申购。如图 6-24 所示为支付宝理财 / 精选组合。

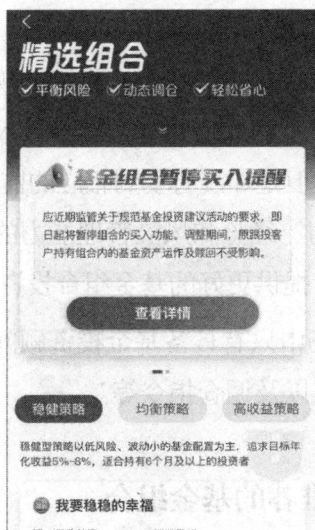

图 6-24　暂停购买公告

从图中可以看到，支付宝平台中的基金组合已经暂停购买，但原跟投客户持有组合内的基金资产运作和赎回并不受影响。

这是因为在 2021 年 11 月 1 日，广东省证监局向辖区内基金公司与基金销售机构下发了《关于规范基金投资建议活动的通知》（以下简称通知）。随后，上海和北京的基金公司和基金销售机构也相继收到当地证监局下发的相关通知。

《通知》中明确了提供基金投资组合策略建议活动为基金投顾业务，应当遵守《中华人民共和国基金法》和有关基金投资顾问业务资格管理、行为规范等有关要求。此外，不具有基金投资顾问业务资格的机构不得提供基金投资组合策略建议，不得提供基金组合中具体基金构成比例建议，不得展示基金组合的业绩，不得提供调仓建议。

《通知》要求，各机构不得新增开展不符合《试点通知》的基金投资组合策略建议提供活动，包括不得展示或上线新的基金投资组合策略，已上线的基金投资组合策略不得新增客户，不得允许存量客户追加组合策略投资。

这样一来对投资者有什么影响呢？

其实，这一通知的出台是对基金组合投资的规范管理，市场中的平台质量参差不齐，很多基金主理人搭建基金组合，吸引投资者购买，实质上替代了基金经理的工作，但是却没有受到相应的监管。而相关规定的出现，可以让真正具备投资能力、经验和风险管理能力的专业投资人士做好基金组合管理规划，为投资者提供更好的基金组合投资服务。

换句话说，现在市场中只有具备基金投资顾问业务资格的机构才能向投资者给出基金组合建议以及调仓指令等。

6.4.2　华安基金量身推荐的基金组合

很多投资者在基金平台直接购买基金组合时最为担心的便是：这个基金组合适不适合我？对于这个问题的担心其实很好理解，因为机构在搭建基金组合时要考虑很多方面的问题，尤其是投资者的喜爱程度。但是很有可能受到大部分投资者青睐的基金组合却并不一定适合自己。

华安基金为了方便投资者找到真正适合自己的基金组合，按照投资者的实际情况，为投资者量身推荐了真正适合的基金组合。

实例分析
适合自己的基金组合

打开华安基金 App，并登录账号进入首页，在页面下方点击"投顾"按钮，随后进入"华安投顾"页面。该页面主要是对华安投顾的一些基本介绍，以便帮助投资者了解华安投顾是怎么一回事儿。除了基础了解外，用户还可以点击下方的"了解华安投顾"超链接进一步仔细了解。

用户在了解完全后在该页面上方点击"定制投资方案"按钮，如图 6-25 所示，即可进入基金组合投顾页面。

图 6-25 点击"定制投资方案"按钮

用户在点击"定制投资方案"按钮后，平台不会立即推荐基金组合产品，而是首先了解投资需求，平台自动跳转至"投资需求评估"页面，投资者需根据自身实际情况选择对应的选项，然后点击"立即开启"按钮，如图 6-26 所示。

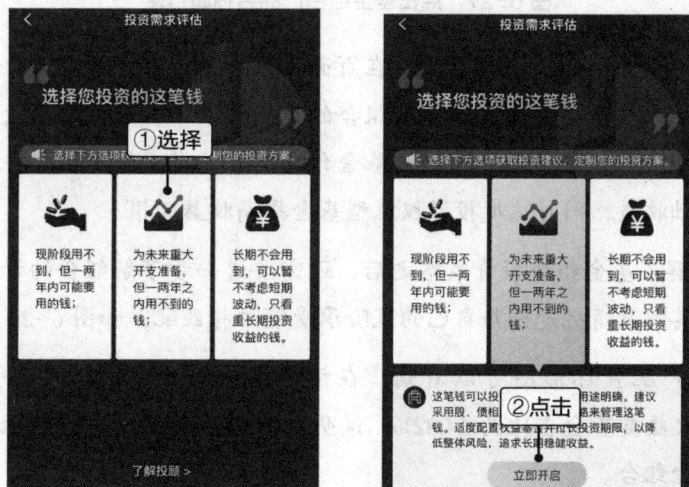

图 6-26 点击"立即开启"按钮

　　随后平台还会进一步以问卷的形式了解用户的投资需求，投资者根据自己的实际情况选择对应的选项。完成问卷后，页面下方会根据用户的回答情况做出投资需求判断和相应的风险等级评估，并向投资者推荐适合的基金组合。这里平台推荐的是闲钱聪明投，点击基金组合产品名称超链接，如图6-27所示。

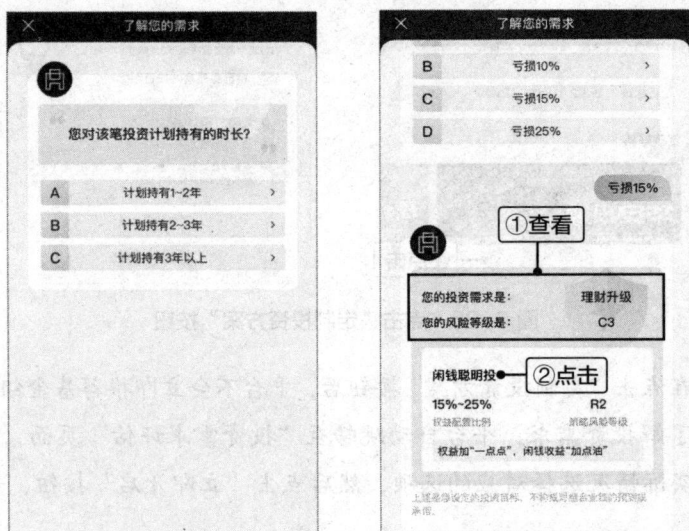

图6-27　点击基金组合产品名称超链接

　　进入基金策略组合详情页面，在页面上方首先让投资者确认自己的投资计划，然后向投资者介绍了该基金组合的投资策略。在闲钱聪明投基金策略组合投资中，以风险较低的固收类基金作为组合基础，保障组合安全性的同时力争基础收益，同时适度投资权益型基金提高收益回报。

　　在了解了基金组合投资策略之后，还需要进一步了解组合的资产配置情况，了解其配置情况是否与自己的风险承受能力相匹配，如图6-28所示。

　　从资产配置环形图可以看到，在该基金组合中，固收类基金占比为83.17%，权益类基金占比为14.82%，说明该基金组合投资风险较低，属于稳健型的基金组合。

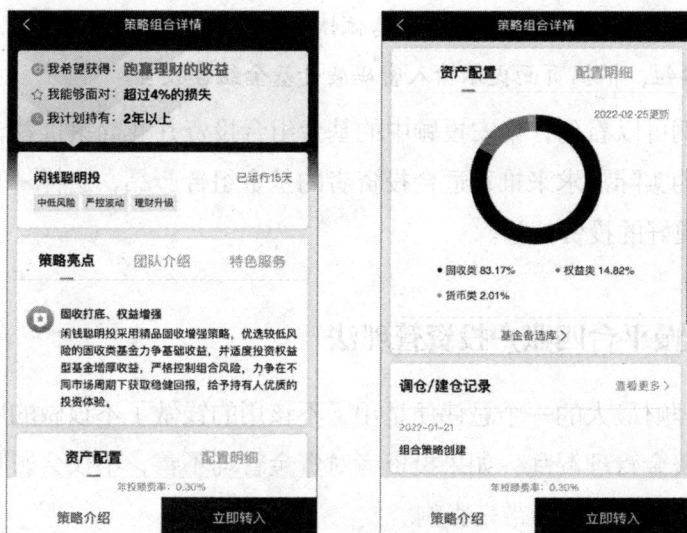

图 6-28　了解基金组合资产配置

此外，投资者还可以点击"配置明细"选项卡查看基金组合具体的持有情况。了解后，点击"调仓 / 建仓记录"超链接可以查看基金组合的仓位调整情况，如图 6-29 所示。

图 6-29　基金组合仓位调整情况

在详细了解并确认基金组合的具体情况后，用户可以返回页面点击"立即转入"按钮，根据页面提示输入密码展开基金组合投资。

从案例可以看到，华安投顾中的基金组合投资并非简单推荐，而是根据投资者的实际需求来推荐适合投资者的基金组合产品，这样一来，投资者可以有更好的投资体验。

6.4.3 且慢平台四账户投资管理法

投资理财最大的一个忌讳便是用了不该用的钱做了不该做的事，换句话说就是资金管理混乱，如果投资者对资金管理不善，不仅会影响投资，还会给自己的正常生活带来影响。

为此，美国标准普尔公司提出标准普尔家庭资产象限图，该图是目前针对家庭财富稳健增长、配置家庭资产构成比例比较适合的方式。如图 6-30 所示为标准普尔象限图。

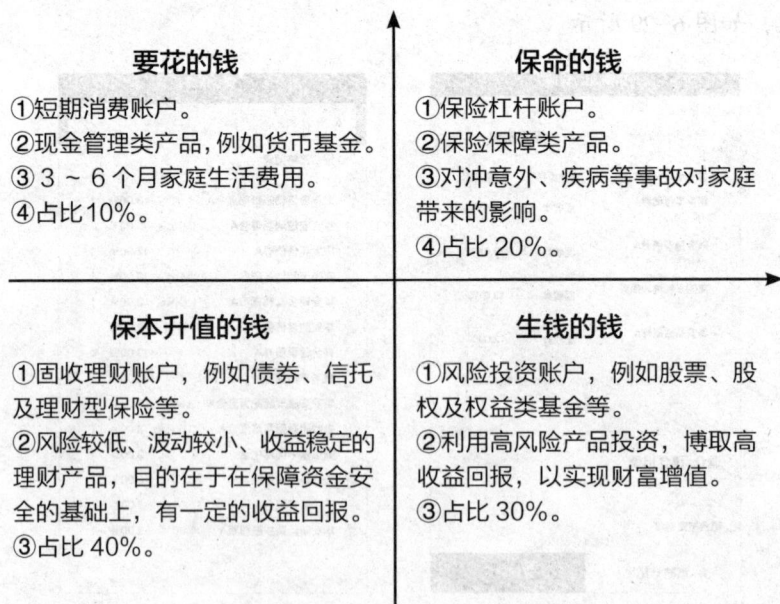

要花的钱

①短期消费账户。
②现金管理类产品，例如货币基金。
③3 ~ 6 个月家庭生活费用。
④占比10%。

保命的钱

①保险杠杆账户。
②保险保障类产品。
③对冲意外、疾病等事故对家庭带来的影响。
④占比20%。

保本升值的钱

①固收理财账户，例如债券、信托及理财型保险等。
②风险较低、波动较小、收益稳定的理财产品，目的在于在保障资金安全的基础上，有一定的收益回报。
③占比40%。

生钱的钱

①风险投资账户，例如股票、股权及权益类基金等。
②利用高风险产品投资，博取高收益回报，以实现财富增值。
③占比30%。

图 6-30　标准普尔象限图

从图中可以看到，它将一个家庭的资产按照一定比例分为 4 个账户，且不同的账户具有不同的作用，以满足普通家庭对不同类型资产的需要，具体内容如下。

第一个账户是短期消费账户，主要是针对家庭日常开销，为满足这部分支出所保留的资产数额只要等于 3 ~ 6 个月的日常消费总额就可以了。因为这一账户对资金的流动性要求较强，所以，投入现金管理类产品中比较合适。

第二个账户是保险杠杆账户。意外可能不期而遇，对我们生活的稳定性造成了极大的安全隐患，为了降低和转嫁这种风险，所以设置保险账户。

第三个账户是保本升值账户，它是家庭长期生活品质的保障，所以，对资金的安全性要求较高。在投资上以"安全""低风险"和"稳健"为首要目标，然后在安全的基础上追求持续稳定的收益回报。

第四个账户为风险投资账户，即博取超额收益回报的账户。一个家庭想要实现资产的大幅增值，就需要配置一定的风险投资，通过承受较高风险来博取高回报。

可以看到，标准普尔家庭资产象限图将家庭资产合理地分配成 4 个账户，各个账户各司其职，在保障家庭资产稳健的同时，也可以使家庭资产得到增值，也避免了投资者账户混乱的问题。且慢平台在标准普尔资产象限图的基础上，为用户提供了活钱管理、稳健理财、长期投资和保险保障 4 个理财服务。

其中，活钱管理对应的是短期消费账户，即日常生活开销，主要是一些货币基金产品；稳健理财对应的是保本升值账户，以债券基金打底、股票基金增强，兼顾风险与收益，寻求稳健回报；长期投资属于高风险产品，对应的是风险投资账户，以高风险博取超额回报；保险保障则是保险服务，对应保险杠杆账户，投资者可以配置对应的保险产品。

在且慢平台的 4 个理财服务中，除了保险保障外，其余 3 个为基金组合产品，下面我们来分别认识一下。

（1）活钱管理

打开且慢 App，登录账户并进入首页。向下滑动页面，在"活钱管理"选项下即可查看到相关产品。

且慢活钱管理中提供了两个产品。一个是盈米宝，它是且慢平台为用户提供的现金管理账户，资金转入盈米宝就是购买了广发钱袋子货币 A 基金（000509），既可以每日结转收益，也可以直接用来购买且慢平台上的其他产品，类似于支付宝的余额宝。

另一个则是货币三佳，它是由 3 只货币基金构成的一个货币基金组合，通过购买每月优选排名前三的货币基金组合而成。点击"货币三佳"名称超链接，进入"货币三佳"页面，如图 6-31 所示。

图 6-31　进入"货币三佳"页面

向上滑动页面可以在该页面了解货币三佳基金组合产品的特点，随后在页面下方点击"详细信息"超链接，进入货币三佳基金组合具体情况介绍和基金组合策略页面，如图 6-32 所示。

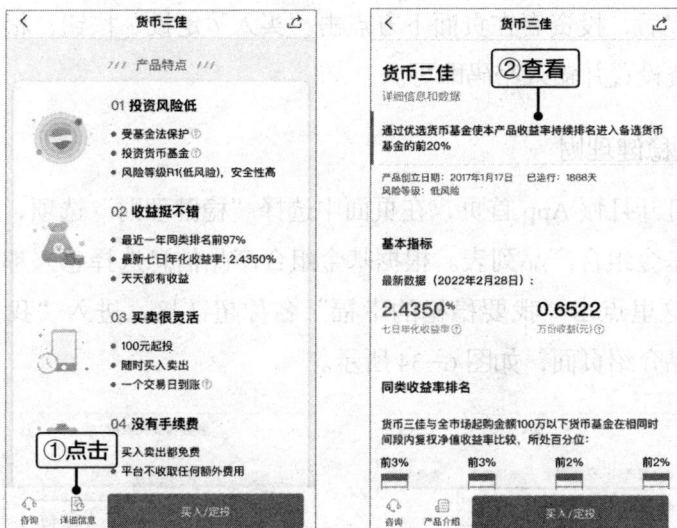

图 6-32 进入货币三佳详情页面

向下滑动页面可以进一步了解货币三佳基金组合的具体情况，包括货币三佳基金组合的收益走势、基金成分和调仓记录，如图 6-33 所示。

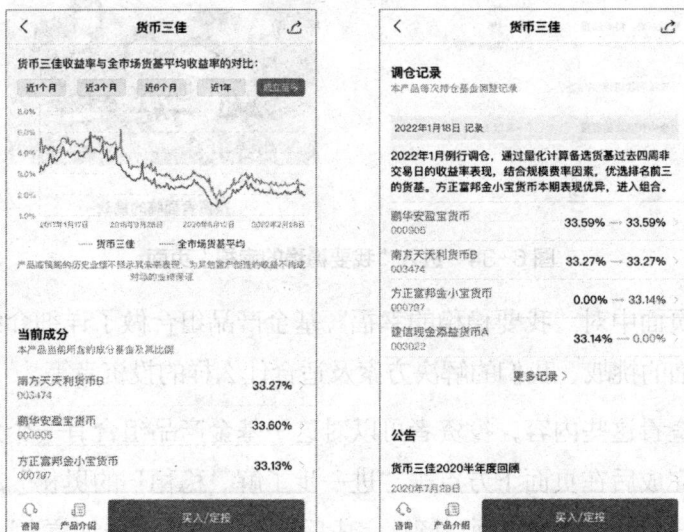

图 6-33 进一步了解货币三佳

了解完后，投资者在页面下方点击"买入／定投"按钮，根据页面提示做好投资设置并输入密码即可。

（2）稳健理财

同样打开且慢 App 首页，在页面中选择"稳健理财"选项，下方展示稳健理财基金组合产品列表。根据基金组合产品信息选择感兴趣的基金组合产品，这里点击"我要稳稳的幸福"名称超链接，进入"我要稳稳的幸福"产品介绍页面，如图 6-34 所示。

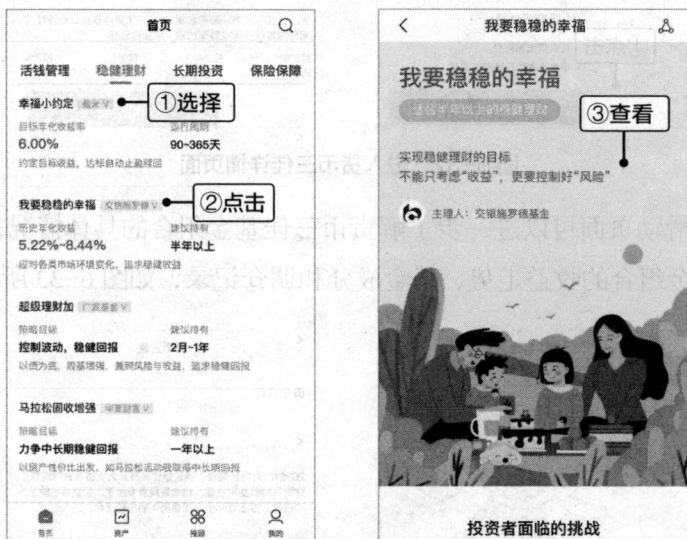

图6-34　进入"我要稳稳的幸福"页面

在该页面中对"我要稳稳的幸福"基金产品组合做了详细介绍，包括投资者面临的挑战、我们的解决方案及适合什么样的投资者等。

通过查看这些内容，投资者可以对这一基金产品组合有一个大致的了解，阅读完成后在页面下方点击"进一步了解'稳稳'的奥秘"超链接，进入基金产品特点介绍页面，阅读完成后在下方点击"详细信息"超链接，如图 6-35 所示。

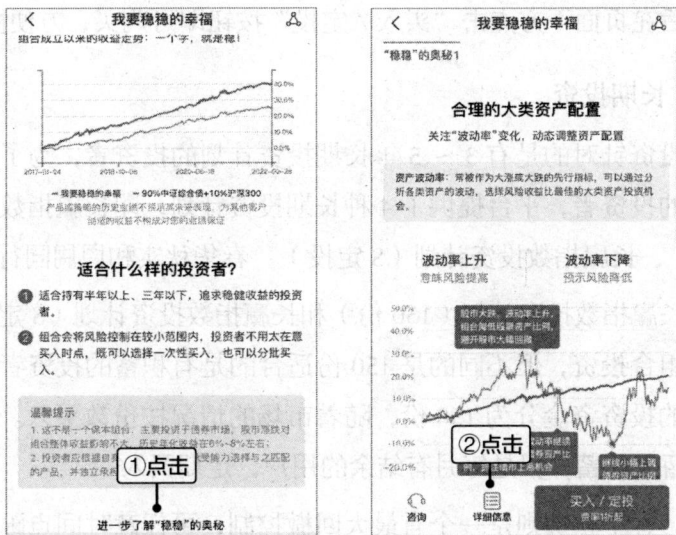

图 6-35　产品特点介绍

进入基金组合产品详情页面，在该页面中投资者可以详细了解到基金组合的各类信息，如收益走势、资产分布、组合成分和调仓记录等，如图 6-36 所示。

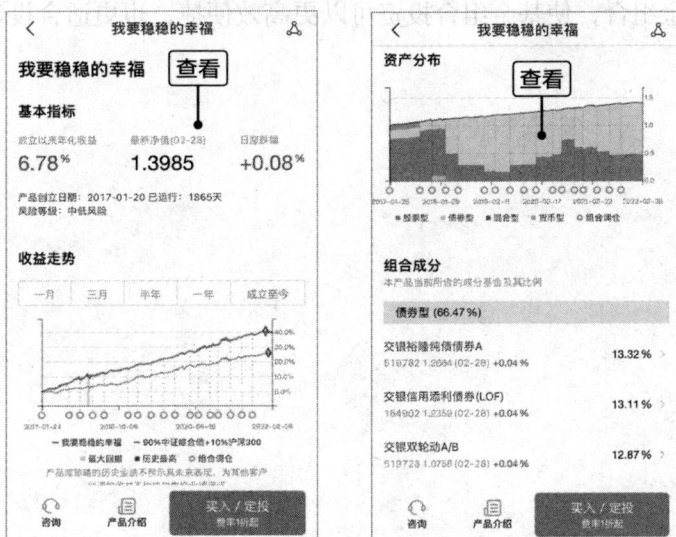

图 6-36　基金组合产品详情

确认后在页面下方点击"买入/定投"按钮即可购买，方便快捷。

（3）长期投资

长期投资针对的是有 3～5 年长期投资计划的投资者，为了满足不同投资需求的投资者，平台提供了 4 种长期投资计划，即长赢指数投资计划（150 份）、长赢指数投资计划（S 定投）、春华秋实和周周同行。

其中长赢指数投资计划（150 份）和长赢指数投资计划（S 定投）都是指数基金组合投资，但不同的是 150 份适合的是有积蓄的投资者，它可以将投资者的投资资金分为 150 份，随着市场的情况按份数买入。而 S 定投计划适合暂无积蓄，但是每月有结余的用户，定期买入。

另外，春华秋实则是一个有最大回撤控制，可任意时间点跟投的基金组合。周周同行从名字上不难理解，它是周投基金组合，每周精选基金，搭建优质基金组合，坚持跟投，积少成多。

而保险保障主要是保险产品，这里就不多做介绍了。

可以看到，且慢平台根据不同投资者的不同资金需求和投资需求提供了不同的基金组合，使基金组合投资可以更高效便捷，也更适合投资者。

第7章

定投妙招分享，投资能力快速提升

在投资活动中，一方面需要投资者积累大量的专业知识，另一方面也需要投资者具备一定的实战经验，但是这对于一些刚入市的新手投资者来说往往比较困难。此时，投资者可以试着从一些投资技巧入手，以提升自己的投资实力。

- 基金净值"恐高症"
- 基金的净值指标这么多分得清吗
- 盲目追捧头部热门基金
- 基金定投就是只买不管
- 误把基金当作股票炒

7.1 新手投资者最容易出现的投资问题

一些刚进入基金市场的投资新手由于缺乏投资经验和充足的专业投资知识，因此很容易犯一些常规错误，对基金定投产生影响，进而影响投资收益。鉴于此，我们需要了解这些常见问题，才能提前预防警惕。

7.1.1 基金净值"恐高症"

基金净值"恐高症"是许多缺乏投资经验的投资者最容易出现的一个问题，当他们面对高净值的基金时首先想到的是回避，因为在他们看来基金净值上涨到了高位，后续的上涨空间不大，极有可能止涨下跌，所以，面对高净值的基金，观望的投资者会选择其他低净值的基金，而持有高净值基金的投资者则会立即离场，锁定前期收益。

对于这类投资者的这种担忧心态是可以理解的，但是高净值并不代表低利润，投资者选择基金应该选择的是盈利能力强的基金，所以，投资者应该从盈利能力强弱的角度去判断基金。

那么，高净值的基金值不值得投资呢？

针对这一问题，我们从以下几个方面来进行回答。

首先，投资者要明白一点，基金净值的高低绝不是基金买卖与否的标准，所以，不要见到高净值的基金便立即回避，同时也不要见着低净值基金就觉得便宜划算便立即买进。

假设某投资者用 10 000.00 元来投资，用 5 000.00 元买入单位净值为 1.00 元的 A 基金，余下的 5 000.00 元买入单位净值为 2.00 元的 B 基金。在不考虑交易手续费的情况下，如果一年后两只基金都上涨 10%，此时两只基金的投资收益如下。

A 基金：1.00×10%×5 000=500.00（元）

B 基金：2.00×10%×（5 000.00÷2.00）=500.00（元）

根据例子可以看到，净值高低影响的是基金份额的多少，真正决定收益高低的是涨跌幅，也就是基金的盈利能力。所以，单纯地以净值高低做买卖决断是不正确、不客观的。

其次，基金净值的增高是基金经理操盘得来的，所以，如果基金的净值越高，则说明前期基金的操盘能力就越强，投研团队和基金经理值得信赖，使得基金净值不断创出新高。因此，我们反而可以从基金净值的高低判断出基金质量的高低。

再次，高净值基金代表了其配置资产的短期活跃度，预示着近一段时期内还将有一定的上涨空间。所以，面对基金的高净值，只要市场行情仍然表现上涨，没有转势迹象，投资者就应该继续持有待涨，而非盲目赎回离场。

最后，我们还可以从高净值基金的净值增长率来判断基金的持续盈利能力。只要高净值的基金能够保持高增长率，则说明该基金是值得投资者买入持有的优质基金。反之，如果低净值的基金其净值增长率较低，则不适合买入。

综上所述，基金单位净值的高低并不能决定这只基金的优劣，更不能说明该只基金是否具有投资价值，我们应该从多个角度来对基金的质量进行判断，切不可因为"恐高"而错失优质基金的投资机会。

7.1.2　基金的净值指标这么多分得清吗

投资者入市买卖基金接触得最多的便是基金净值，它是基金的单价标识，从某种程度上来说与股票的股价一样，都是用来计算投资买入成本和卖出收益的。

但与股票的单位股价不同的是，我们仔细观察可以发现，在基金平台进行基金交易时常常可以看到多个基金净值指标，且不同的指标代表的意义不同。很多新手投资者无法正确区分它们之间的差异。如图 7-1 所示为基金平台展示的基金基本信息。

图 7-1 基金基本信息

从图中可以看到，在基金的基本信息展示中通常可以看到 3 个基金净值，包括净值估算、单位净值和累计净值，它们各自的具体意义如下。

（1）净值估算

净值估算是基金销售平台根据目标基金最新一个季度披露的持仓状况估算出来的基金当天的单位净值，它只有参考作用并没有交易价值。因为基金交易与股票交易不同，股票是实时交易，有实时的股价，而基金的交易价格只能在交易日当天结束后公布，所以，这个数据只是用于满足部分投资者想要迫切了解当天基金大致的涨跌幅度，作为投资参考而已，并没有实际的交易指示意义。

（2）单位净值

单位净值是最重要的基金净值指标，也是投资者交易结算的单位指标。基金单位净值的公式如下。

$$基金单位净值 = 基金总净资产 \div 基金总份额$$

简单来说，基金单位净值的高低直接关系到我们投资收益的高低，如果基金单位净值上涨，则说明投资获利。反之，如果基金单位净值下跌，则说明投资失败，遭受损失。

（3）累计净值

基金的累计净值指的是基金最新净值与基金成立以来的分红业绩之和，体现的是基金从成立以来所取得的累计收益。因为市场上大量的基金为了能够吸引投资者，会进行分红，在盈利状况好的时候将基金资产以现金的形式返还给投资人，所以，此时的基金单位净值便会降低。为了查看基金成立以来的涨幅情况，所以出现了累计净值。累计净值的计算公式如下。

累计净值 = 单位净值 + 每份基金历史分红

换句话说，通过累计净值可以直观地反映基金在运作期间的历史表现，从而判断出基金的真实业绩水平。

总的来说，基金净值估算是帮助投资者参考的预估数据，没有实际价值；单位净值是基金交易结算数据；累计净值是基金历史业绩情况的反映。所以，在基金投资交易时不要看错了基金净值指标。

7.1.3　盲目追捧头部热门基金

在基金定投中，选择一只质量优秀的基金是重中之重。因为定投期限比较长，且通常投资者在选择基金后便不会轻易更改，所以，一旦选择了劣质基金便会直接影响投资者的投资收益。

而一些投资者选择基金缺乏科学理智的分析，更多的是直接选择市场中的明星基金，或者是平台推销的热门基金。当然，这其中也有一部分基金当前的业绩确实表现亮眼，但还有一部分基金则是源于基金平台和基金公司的大肆宣传，以吸引更多的投资者。对投资者来说，这却不一定是好事。

首先，我们要知道为什么某只基金或某个板块的基金会成为热门。回顾历史可以发现，在某个板块开始持续上涨的时候往往很容易发展成为热门，吸引场内投资者纷纷加入其中，从而进一步拉高价格。接着可以看到各路媒体纷纷下场宣传报道，这一波操作又吸引一批新的关注和投资，从而进一步抬高其价格。

但是，这样的情况往往是不可持续的，是由于一时的政策走向或者是市场热点导致的，一旦后续资金跟不上，板块出现利空消息，便很容易崩盘瓦解。只有极少数可以成为头部入场获利，大部分的投资者都是在市场极力宣传造势之后入场，往往还没有等到获利之时，市场风向就已经发生转变，能留给自己的只有伤痛罢了。

因此，作为投资者，尤其是对基金定投的投资者来说，并不适合盲目追击市场中的热门基金，因为基金定投的时间期限比较长，我们的投资策略是以时间换空间。而市场热点比较短，很多时候一两个月便消散了，所以，热门基金更适合一些做短线的短期投资者，通过一波大幅拉升，快速获利之后立即离场。

长期的基金定投更适合选择一些冷门、低估值、稳健的基金，这样长期定投才会更有利。

7.1.4 "基金定投就是只买不管"

每月只要固定时间买入，不用费心去管理，是很多投资者的通病，在他们看来，既然基金定投做的是长期投资，需要忽略短期波动，所以就不需要对基金做过多管理。那么事实是不是这样呢？

答案当然是否定的。市场永远处于波动变化之中，随着时间的改变，市场行情的风云变幻及投资者的投资需求发生改变，都会对定投产生影响。同时，基金组合中的资产配置情况是影响投资收益的一个重要因素，随着时间的推移，组合中的基金表现不一，使得基金组合可能已经偏离了最初设定的目标资产配置，基金组合与投资者的风险承受能力不相匹配。此时，如果还是维持最初的基金组合做定投显然是不合理的。

因此，投资者需要根据实际情况对基金组合做出再平衡，以便适应新的市场行情和投资需求。调整基金组合的方法有很多，比较常见的有以下几种，下面分别进行介绍。

（1）根据时间周期来平衡

投资者在基金定投之初可以设定一个基金组合平衡的时间周期，然后根据事先设定的周期来进行基金组合再平衡，例如每季度调整一次，或者是半年调整一次，又或者是每年调整一次。一般来说，每季度和每半年是比较好的一个周期频率，如果调整频率太低，基金组合偏离度可能过大，使投资者承担的风险大幅提升。如果调整频率过高，如每月平衡一次，也会给投资者带来麻烦。

（2）根据基金组合偏离度来调整

根据基金组合偏离度来调整指的是投资者只考虑基金组合资产与目标配置的偏离度达到某一程度时才开始再平衡，例如 5%、10%。但只要偏离度在阈值范围之内，就不用管时间周期，不用刻意平衡。

例如，某投资者定投的基金组合资产配置为：股票型基金 30%、债券型基金 60% 和货币型基金 10%。该投资者投入 10 000.00 元，所以，股票型基金为 3 000.00 元、债券型基金为 6 000.00 元、货币型基金为 1 000.00 元。投资者根据基金组合偏离度来调整基金组合，设定的基金组合再平衡阈值为偏离度 5%。经过一段时间后，基金组合中的资产发生改变，变化为：股票型基金 3 900.00 元、债券型基金为 6 060.00 元、货币型基金为 1 003.00 元，此时基金组合与目标资产配置的偏离度计算如下。

股票型基金的资产比例：3 900.00 ÷（3 900.00+6 060.00+1 003.00）≈ 35.57%

债券型基金的资产比例：6 060.00 ÷（3 900.00+6 060.00+1 003.00）≈ 55.28%

货币型基金的资产比例：1 003.00 ÷（3 900.00+6 060.00+1 003.00）≈ 9.15%

根据计算可以看到，股票型基金由 30% 的资产比例转为 35.57%，债券基金由 60% 的资产比例转为 55.28%，货币型基金由 10% 的资产比例转为

9.15%，偏离度达到 5% 触发基金组合再平衡，所以，投资者应该按照最初设定的基金组合资产配置比例进行调整。

要知道，投资者在最初设定基金组合资产配置比例时，是以自己的风险承受能力和投资目标来进行设定的，所以，只要基金组合资产配置与目标配置的偏离度还在阈值范围内，那么投资者承担的风险没有发生改变。一旦偏离度超过阈值，说明投资者承担的风险程度发生改变，投资者需要对其进行调整。

因为基金组合再平衡是根据基金资产配置比例的变化程度来确定的，所以，有可能几年都不需要再平衡，但也有可能隔几周就需要调整平衡。这种方式能够更精准地控制风险，但是却需要投资者随时跟踪基金组合的偏离情况。

（3）根据市场变化来调整

投资者还可以根据市场的行情变化来调整基金组合，例如在市场行情较差的情况下，投资者可以降低股票型基金的资产配置比例，加大债券型基金和货币型基金的资产配置比例。而在市场行情趋好的情况下，加大股票型基金的资产配置比例，降低债券型基金和货币型基金的资产配置比例。但是，这种方法对投资者的个人能力要求较高，需要投资者对市场有一个清晰、准确且科学的判断，才能做出正确的决断。

投资者除了需要有调整基金组合的意识外，还要知道怎么去调整基金组合。有一些投资者有调整基金组合的意识，但却错误操作，使得基金组合距离最初设定的目标越来越远。因为在他们看来，基金组合调整就是过一段时间后查看基金组合，对组合中业绩表现好的基金加大投资比例，对组合中业绩表现不佳的基金进行剔除。

显然，这种简单粗暴的调整方法是不正确的。首先，投资者要知道短期业绩是无法用来公允地评价一只基金的优劣的，中长期业绩才是评价基金质量的关键。因为基金的短期表现受到市场波动的影响较大，从长期角度来看，市场的风格是不断轮动的，但是基金经理却不是，优秀的基金经理能够适应各种市场行情。所以，以一时的业绩情况来调整基金是不正确的做法。

其次，投资者随意增加业绩表现优异的基金资产比例的做法也不对。基金组合中的资产配置比例是基金组合定投获胜的关键，随意增减比例会改变最初的目标配置比例，改变投资风险。

总体来说，调整持有的基金组合是投资过程中不可避免的环节，但是调整的动机和逻辑需要投资者慎重思考。

7.1.5　误把基金当作股票炒

把基金当作股票炒是很多新手投资者经常犯的错误，因为新手投资者缺乏长期持有的耐心，投资以追涨杀跌为主，一旦基金净值上涨便忍不住赎回出局。但是，基金不是股票，以股票的投资方式做基金投资显然是不合理的。

首先，基金的费率高，交易成本较高，股票的交易成本低。一般基金的申购费率为 0 ~ 0.15% 不等，赎回时如果基金持有时间小于 7 天，通常为 1.5%。而股票平均费率在 0.03% ~ 0.05%。如果投资者买基金像做股票短线投资一样频繁操作，一个月换 3 次，一年有 6 个月出现这样的操作，那么，一年下来承担的基金费率就为 27%（1.5%×3×6）。要知道，很多投资者一年的收益率也不能达到 27%。

其次，股票实时交易，自由操作，更可以在保持底仓的情况下做超短线 T+0，高抛低吸赚取利润空间。但是基金不行，只投资于国内金融产品的基金一般实行 T+1 交易制度，即在每个交易日 15：00 休市之前进行申购，会在下一个交易日按照申购当天收盘时的基金净值确认份额，同理，在每个交易日 15：00 休市前进行赎回操作的话，会在第二个交易日按照发起赎回当天收盘时的基金净值对金额进行确认。这样的交易制度使得基金不可以进行超短线操盘。

再次，基金是一篮子股票，风险比较分散，比股票更稳定，短期涨幅也低于股票，所以，更适合长线投资。长期持有基金获得收益的概率较高，投资风险也更低。

最后，基金投资与交易股票本质上是存在区别的，基金是我们交管理费用给专业的基金经理让其帮助我们投资股票、债券及货币等金融工具，属于间接投资。而股票是直接投资，需要投资者自己实时盯盘，抓住买卖时机。既然我们选择了基金，就应该通过时间来相信基金经理，做恰当的投资，而非投机性投资。

7.2 基金定投中一些不可不知的小技巧

基金定投中存在一些投资小技巧，投资者掌握这些技巧不仅可以帮助投资，让投资更顺畅、更便捷，还可以在一定程度上提高基金定投的投资收益。

7.2.1 红利再投使收益更大

现金分红与红利再投是基金投资中绕不开的两个分红方式，市场中对现金分红和红利再投两种分红方式孰优孰劣众说纷纭。那么，我们到底应该如何选呢？

我们需要了解两种分红方式具体指的是什么。现金分红是指基金公司将基金收益的一部分以现金的方式派发给基金投资者的一种分红方式；而红利再投是指基金进行分红时，基金持有人将分红所得的现金以当日基金价格直接用于购买该基金，从而增加原先持有基金的份额。这里需要注意的一点是，通过红利再投方式购买的基金份额是没有申购费用的。

所以，如果投资者选择现金分红方式，那么分红之后投资者持有的基金份额不会增加，但账户余额会增加。如果投资者选择红利再投分红方式，则投资者持有的基金份额会增加，但账户余额不会增加。

对于投资者来说，两种基金分红方式实际上并没有好坏之分，因为不管选择哪种分红方式，他的总资产是不变的，问题的关键在于哪种分红方式更适合投资者。

对于这个问题，我们可以从以下两个方面来进行分析。

（1）市场行情

市场行情是基金投资的关键，如果投资者看好该基金的后市发展，则可以选择红利再投这种分红方式，增加持有的基金份额，以提高投资收益。但是，如果不看好基金的后市发展，则应该选择现金分红这种分红方式，尽早让收益落袋为安。

（2）投资期限

我们可以从投资者的投资期限来进行选择，如果投资者的投资为短线，希望抢一波上涨即离场，那么应该选择现金分红这种分红方式，不仅可以让收益快速落袋，还可以提高资金流动性，开展其他品种的再投资。但是，如果投资者的投资为长线，看好基金的长期发展，那么就应该想办法增大基金的持有份额，此时应该选择红利再投这种分红方式。

对于基金定投的投资者来说，因为基金定投的投资者通常是看好基金的未来发展，以长期投资为主，所以，应该选择红利再投这种分红方式来增加基金的份额。如果此时选择现金分红，就相当于一边通过支付申购费的方式将钱投入进去购买基金份额，一边却又通过现金分红的方式将钱从基金资产中取出来，这样的操作不仅没有意义，还会增加投资成本，得不偿失。

7.2.2　基金定投赎回要灵活处理

一些投资者在定投某只基金后，过了一段时间因为某些原因可能不想再继续定投了，此时便会涉及基金的赎回。但是基金申购时是通过定投的方式逐次买进，赎回时也应该灵活处理，使投资最优化，而非简单地普通赎回，主要从以下几个方面去考虑。

（1）赎回的时间

基金定投是一项长期投资，需要投资者长期坚持持有才能看到投资收益，那么，投资者应该持有到什么时候赎回才比较好呢？

从理论上来看，因为开放式基金随时可以赎回，所以，只要投资者近期没有用钱的需要，并不着急提现，可以继续坚持定投，以最大限度地提高定投预期收益。

但从实际的投资情况来看，投资者赎回主要包括两种情况：一种是止盈赎回；另一种是止损赎回。

◆ **止盈赎回：**止盈赎回是指投资者的基金定投收益达到预期目标，为了将收益落袋为安而采取的赎回策略。具体的止盈赎回方法我们在前面第 4 章中介绍过，这里就不做更多说明了。

◆ **止损赎回：**当基金亏损达到一定程度时，为了避免继续下跌增大亏损所做出的赎回操作。

在实际投资中我们强调"止盈不止损"，这是因为亏损加仓是摊薄投资成本的一种有效方式，基金净值大幅度下跌时正是投资者加仓买进的大好机会，一旦行情上涨，这些基金份额带来的预期收益便会摊薄前期的亏损，甚至出现盈利。

但是也并非所有的亏损都不适合赎回。基金出现亏损不赎回反而加大买进份额是建立在看好基金后期发展、相信基金净值会回升的基础之上的。如果投资者定投的基金出现异常，例如，在同类基金中明显走势较弱，排名靠后，或者是基金经理频繁更换等，此时投资者就要考虑及时止损赎回基金份额，避免出现更大规模的损失。

（2）赎回的份额

基金定投赎回非常灵活，既可以一次性赎回持有的全部基金份额，也可以选择赎回持有的部分基金份额。如果投资者还想投资其他基金，还可以直接做基金转换，平台直接将原基金份额赎回后转入到新的基金中，这样转换可以缩短投资者自行申购的时间。另外，如果投资者转换的基金是同一家基金公司旗下的产品，通常还可以享受免费的申购费用，投资更划算。

一次性全部赎回很好理解，即投资者达到收益目标之后赎回全部持有的基金份额。但关于部分赎回，投资者就要根据市场变化来做灵活处理了。

①如果投资者的基金定投收益率达到预期目标，但市场趋势并未发生改变，那么，投资者可以先赎回部分基金份额，后市趋势发生改变再赎回剩余的基金份额。这也是我们前面介绍的分批赎回法，该方法在市场中运用得比较多，也比较广泛。

②若基金处于上升途中，当基金继续上行至明显压力位时，投资者可以半仓赎回，避免基金在压力位受阻下跌而导致收益减少。

（3）计算基金定投赎回持有天数

在前面的基金赎回费率介绍中我们提到过，投资者持有基金的时间越长，赎回时的基金费率就越低，很多基金甚至持有满两年便可以免赎回费。所以，投资者在赎回时不要单纯地赎回持有的基金份额，而要考虑自己的基金份额持有时间。

因为基金定投是每期固定买进，而非一次性买入，所以，基金份额持有的时间也是不同的。基金的赎回手续费是按照基金成交当天开始算的，直到赎回的这一天，一共持有了多少天，系统会根据赎回的费率来计算赎回费用。基金定投赎回遵循"先进先出"原则，先赎回最早买进的基金份额。

例如，投资者从 2021 年 1 月 1 日开始定投，买进基金份额 1 000 份，随后每个月 1 日买进 1 000 份，定投了 1 年后投资者在 2022 年 1 月 1 日赎回基金份额 1 000 份，那么赎回的这 1 000 份额为 2021 年 1 月 1 日买进的基金份额，所以这部分的基金持有时间为 1 年。如果投资者在 2022 年 1 月 1 日赎回基金份额 2 000 份，那么其中 1 000 份为 2021 年 1 月 1 日买进的，持有时间为 1 年，另外 1 000 份为 2021 年 2 月 1 日买进的，持有时间为 334 天。

在计算基金手续费这方面，基金公司都是严格按照每一笔定投的时间来分别计算费率的，不会混淆。所以，投资者在赎回基金份额时想要享受更低廉的赎回费率，就要仔细盘算持有的时间。

（4）基金赎回后怎么做

很多投资者认为基金定投在赎回基金份额之后便结束了，其实没有，投资者需要做的事情还有很多。

首先，定投的基金全部赎回并不意味着定投终止，定投协议仍然有效，下一个固定扣款日，平台仍然会自动扣款。因为即便赎回全部定投份额，之前签署的基金定投合同仍然有效，所以，只要银行卡内有足额的资金，且满足其他扣款条件（如均线智能定投，均线偏离程度达到阈值），那么平台便会自动扣款。因此，投资者如果想要终止定投计划，除了需要赎回基金全部份额外，还需要办理终止定投手续。当然如果投资者的银行账户中没有足够的金额，平台也不能扣款，只要连续 3 个月没有扣款，便自动终止基金定投业务。

其次，投资者赎回全部基金份额后，如果短期内没有其他的用钱需求，还可以在市场中寻找其他的投资计划，开展一个新的基金定投，以实现资产的增值。

当然，投资者止盈赎回之后，如果仍然看好该基金，也可以安心等待。因为投资者盈利赎回，此时市场通常处于一个较高位置，此时买进风险较高，投资者不妨安心等待，待市场回落至较低位置时再次在低位买进。

总的来说，投资理财是生活中的常态，而非完成一次成功获利的投资之后就完事了，我们需要持续、不间断地投资理财，积累投资经验，才会逐步提高自身的投资能力，进而提高投资收益。

7.2.3 学会看基金走势图

在基金平台购买基金时可以发现，在基金详情介绍页面中总是会向投资者提供基金走势图，投资者可以根据基金的走势图来预测基金后市走向，寻求买卖机会，提高投资获胜概率。但是，这对于部分新手投资者来说比较困难，因为他们看不懂基金走势图。实际上，基金走势图非常简单，下面我们来具体看看。

基金走势图包括基金净值走势图、累计净值走势图和累计收益率走势图，如图 7-2 所示为广发中证光伏产业指数 A 基金（012364）单位净值走势。

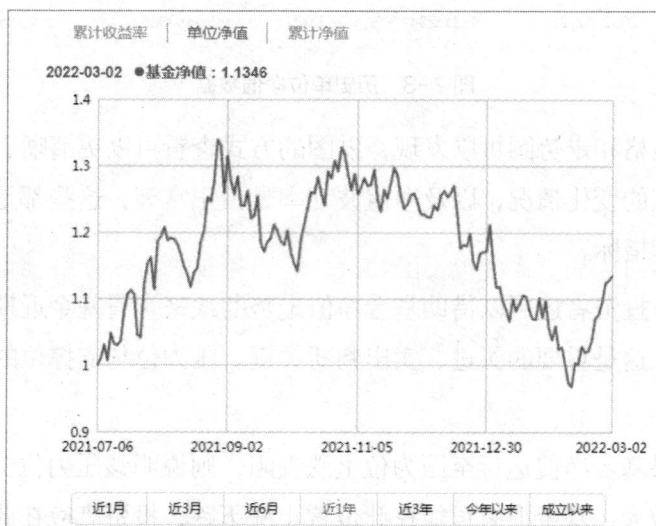

图 7-2 单位净值走势

在基金净值走势图中，横坐标表示时间，纵坐标表示基金净值，曲线走势图表示净值走势。根据投资者不同的投资周期需要，可以调整单位净值走势时间周期，例如近 1 个月、近 3 个月或近 6 个月等。

实际上，基金的历史单位净值数据是可以查看到的，通常以表格形式进行展示，如图 7-3 所示为广发中证光伏产业指数 A 基金历史单位净值数据。

历史净值 2022-02-03 ▾ — 2022-03-03 ▾				分红查
净值日期	单位净值	累计净值	净值涨跌	净值增长率
2022-03-02	1.1346	1.1346	0.0064	0.57%
2022-03-01	1.1282	1.1282	0.0042	0.37%
2022-02-28	1.1240	1.1240	0.0283	2.58%
2022-02-25	1.0957	1.0957	0.0184	1.71%
2022-02-24	1.0773	1.0773	0.0057	0.53%
2022-02-23	1.0716	1.0716	0.0338	3.26%
2022-02-22	1.0378	1.0378	0.0154	1.51%
2022-02-21	1.0224	1.0224	0.0024	0.24%

图 7-3 历史单位净值数据

对比表格和走势图可以发现，以图的方式查看可以更清晰、直观地了解基金净值的变化情况，以及净值波动率是否正常等，这些都是基金买卖决策的参考指标。

另外，投资者还可以借助基金净值走势曲线来查看基金近期的支撑位和压力位，这是重要的买进、卖出判断关键。压力位与支撑位的具体用法如下所示。

①如果基金净值运行至压力位上涨受阻，则说明该压力位仍然有效，上方压力较大，基金很有可能在此位置止涨下跌，投资者应在此位置锁定前期收益落袋为安，及时离场。

实例分析

压力位受阻卖出分析

如图 7-4 所示为天天基金网平台展示的国泰国证房地产行业指数 A 基金（160218）单位净值走势。

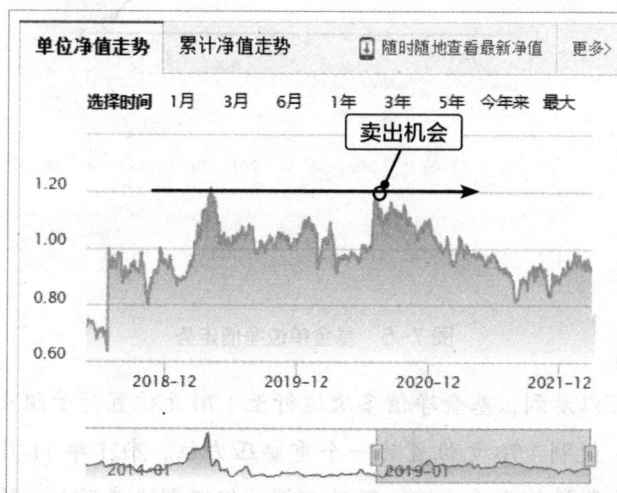

图 7-4 基金单位净值走势

从图中可以看到，前期基金净值表现上涨行情，直至 2019 年 4 月中旬，净值运行至 1.20 元附近后止涨，转入下跌走势之中，说明 1.20 元位置为压力位。2020 年 4 月基金净值止跌，小幅回升转入上升走势中。当基金运行至 1.20 元位置时再次止涨，说明该压力位仍然有效，此时为投资者的卖出机会。

②如果基金净值运行至压力位继续向上有效突破压力位，说明该压力位失效，后市将迎来一波上涨，此时应增加投资金额，直到出现新的止涨信号，否则投资者应继续持有，等待获利。

实例分析

向上有效突破压力位加仓买进分析

如图 7-5 所示为天天基金网平台展示的招商体育文化休闲股票 A 基金（001628）单位净值走势。

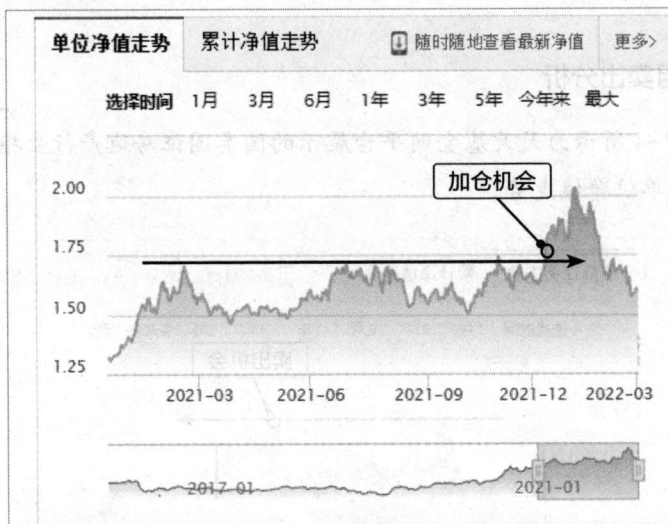

图 7-5　基金单位净值走势

从图中可以看到，基金净值多次运行至 1.70 元位置时受阻止涨，随后转入下跌之中，说明 1.70 元位置为一个重要压力位。2021 年 11 月，基金再次运行至 1.70 元附近后再次止涨，下跌回调，但回调幅度不大，随后再次向上直线拉升，有效突破 1.70 元压力位。说明 1.70 元压力位被打破，后市将迎来一波上涨，此时为投资者的加仓机会。

③如果基金净值跌至下方支撑位止跌，说明基金极有可能在此位置止跌回升，是投资者的买进机会，投资者可在此位置买进，持有待涨。

实例分析

跌至支撑位受到支撑买进分析

如图 7-6 所示为天天基金网平台展示的是鹏华银行 A 基金（160631）的单位净值走势。

从下图可以看到，在基金波动运行的过程中，基金净值在 2018 年 7 月初和 2019 年 1 月初两次在 0.80 元附近止跌回升，说明 0.80 元为一个重要支撑位。

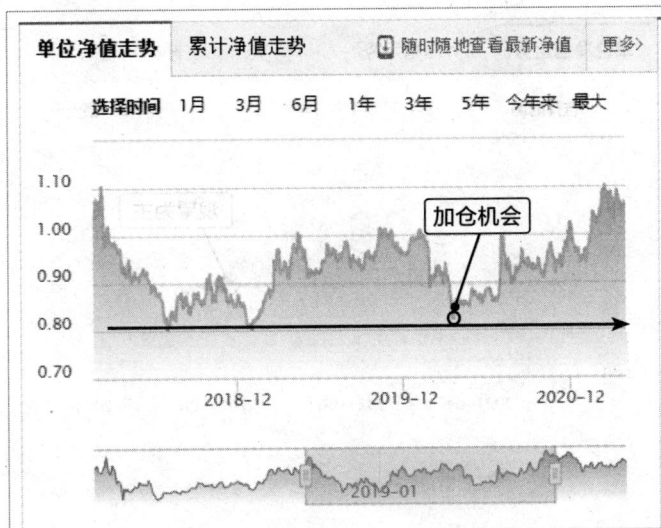

图7-6 基金单位净值走势

2020年3月下旬，基金净值在一波下跌走势中再次下跌至0.80元附近，随后止跌横盘，并小幅回升，说明基金净值受到了下方支撑位的支撑，后市基金极有可能迎来一波上涨，此时为投资者的加仓机会。

④如果基金净值向下运行至支撑位附近，没有止跌，继续向下并有效跌破支撑位，则说明支撑位失效，后市极有可能迎来一波下跌。投资者可以观望一阵，等待基金净值跌至相对低点，出现止跌迹象再买进。

实例分析
有效跌破支撑位观望为主

如图7-7所示为天天基金网平台展示的是华润元大富时中国A50指数C基金（010573）的单位净值走势。

从下图可以看到，前期基金净值表现下跌，跌至2.90元附近后止跌，小幅回升。随后基金净值在波动运行的过程中多次在2.90元位置止跌回升，说明2.90元位置为重要支撑位。

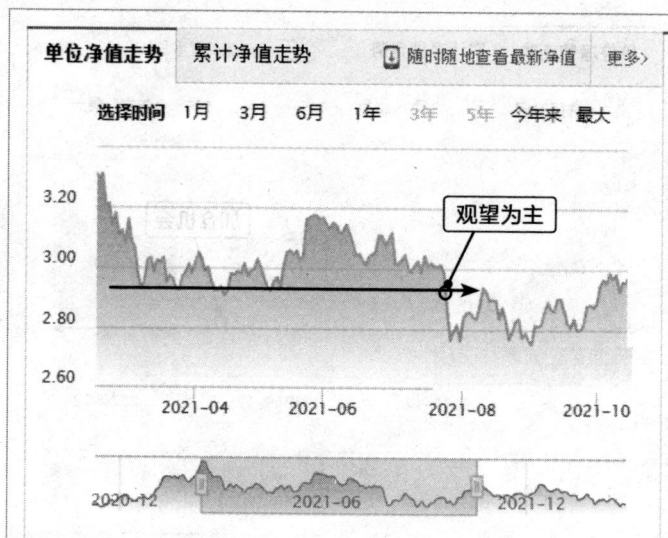

图 7-7　基金单位净值走势

　　2021 年 5 月下旬，基金净值上涨至 3.10 元位置后再次止涨下跌。但这次基金净值下跌至 2.90 元附近时并没有止跌，反而直线下跌，有效跌破支撑位，说明支撑位失效，该基金后市还将继续下跌。此时投资者应以观望为主，直到基金净值出现止跌迹象，再低位买进。

　　了解了基金单位净值走势图的用法之后，投资者还需要了解基金累计净值走势图。

　　单位净值走势表示的是每单位基金的基金净值，而累计净值则是将基金过去每一份分派的全部收益加上单位净值后获得的数据绘制而成，也就是说，累计净值走势表示的是基金从成立到当前的总盈利。

　　通过查看基金的累计净值走势可以帮助投资者评估基金的投资获利能力强弱，如图 7-8 所示为广发中证光伏产业指数 A 基金（012364）累计净值走势图。

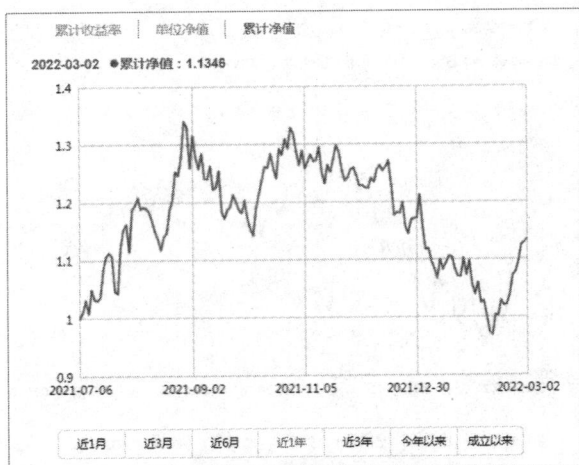

图 7-8　基金累计净值走势

累计净值走势图中，横坐标表示的是时间，纵坐标表示的是当前累计净值。同样的，投资者也可以根据自身需要调整累计净值走势时间，以便更清晰地查看走势变化。

最后还有累计收益率走势图，它能反映基金收益率的高低，是投资者决定投资与否的关键，但是单独查看基金累计收益率走势是没有意义的，只有通过比较才能看出基金的价值。所以，平台在向投资者展示累计收益率走势时，都会将基金累计收益率与其他曲线进行比较，帮助投资者分析该基金具有的投资价值。

因为平台不同，所以，选择的对比曲线也不同。一般来说，平台会选择业绩比较基准、同类平均收益率或者是大盘指数（沪深 300）来进行比较。

其中，业绩比较基准反映了基金的相对回报，也反映了基金的真实业绩水平。如果基金的收益率明显高于业绩比较基准，说明该基金产品的运营管理是合格的。但是，如果基金的累计收益率低于业绩比较基准，即便基金取得了正收益，其表现也是不合格的。

如图 7-9 所示为广发基金平台展示的广发瑞安精选股票 A 基金（010161）累计收益率与业绩比较基准对比走势图。

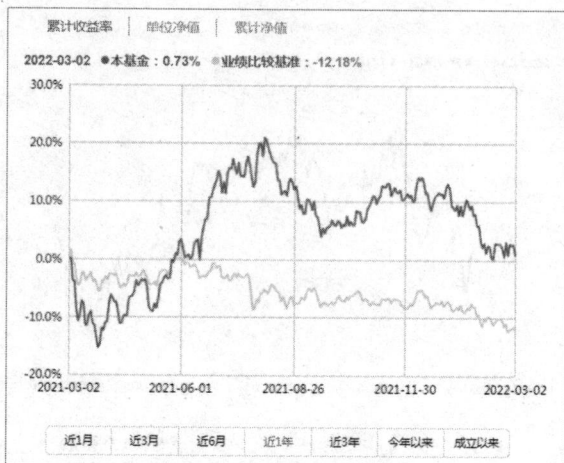

图 7-9　累计收益率与业绩比较基准走势图

　　将基金累计收益率走势与同类平均收益率走势进行比较，可以帮助投资者查看该基金在同类基金中的走势情况。如果基金的累计收益率走势曲线明显高于同类平均收益率走势曲线，说明该基金跑赢了同类基金的平均水平。相应的，如果基金的累计收益率走势曲线明显低于同类平均收益率走势曲线，则说明该基金跑输了同类基金的平均水平。通常，天天基金网会在基金累计收益率走势中加入同类平均收益率走势。如图 7-10 所示为天天基金网查询到的创金合信数字经济主题股票 A 基金（011229）累计收益率走势图。

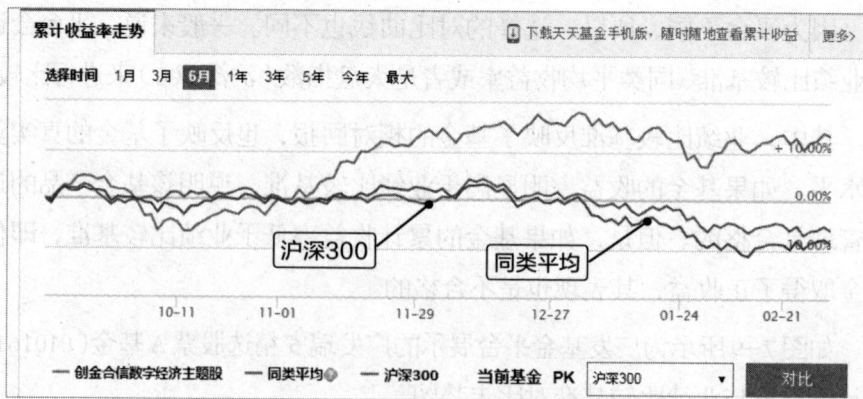

图 7-10　累计收益率走势图

最后是大盘指数，平台通常会将沪深 300 指数走势与基金累计收益率走势进行比较，查看目标基金是否能够跑赢大盘。如果基金累计收益率走势高于大盘指数，则说明该基金比较强势，跑赢了大盘；反之，如果基金累计收益率走势低于大盘指数，则说明该基金比较弱，跑输了大盘。但是，对比的大盘指数不是固定的，除了沪深 300 指数外，还可以是上证指数、深证成指、中证 500 等，投资者根据基金的实际情况进行选择即可。如图 7-10 所示中便是加入了沪深 300 指数与创金合信数字经济主题股票 A 基金累计收益率进行比较。

需要注意的是，收益走势处于波动变化中，一时的表现不能代表基金的常规表现，只有长期表现优秀，明显高于比较的参考指标，才能说明基金业绩的优秀性。

7.3　基金定投的收益率计算

投资收益率计算是查看投资者经过一番投资后收益高低情况的重要方法，但是有不少投资者对这一问题十分头疼，一方面，他们对计算方式不甚了解，所以无法计算；另一方面，因为基金定投为分批次逐步投入，与普通的一次性投资差异较大，所以，投资者觉得迷茫。但是，基金定投收益计算非常重要，关系着投资者的收益情况，所以，投资者有必要了解其算法。下面介绍几种比较常用的计算方法。

7.3.1　最简单的实际收益计算法

实际收益计算法就是在不考虑投入次数和投入时间的前提下，只通过本金和收益来计算收益率大小的一种计算方法。因为不管投资者每期投入的金额如何变化，以及每期投入的时间如何变化，投入的总成本是可以计算且不变的，所以，我们将每期投入的资金加起来计算总成本，然后以当下的基金净值计算赎回金额，再计算收益，就可能计算出此番基金定投的实际收益率了。具体的计算公式如下。

　　总成本 = 每期定投的资金之和

　　赎回金额 = 基金当前净值 × 持有基金份额 − 赎回手续费用

　　收益 = 赎回金额 − 本金

　　收益率 = 收益 / 总成本 ×100%

下面以一个具体的例子进行说明。

实例分析
实际收益计算法计算基金定投收益

　　某投资者开展基金定投，每月1日向该基金定投5 000.00元，定投一年，该基金的净值变化如表7-1所示（所有计算均不考虑基金费率）。

表7-1　基金净值变化

时　　间	基金净值（元）	时　　间	基金净值（元）
1月1日	1.00	7月1日	1.22
2月1日	0.70	8月1日	1.25
3月1日	0.60	9月1日	1.30
4月1日	0.90	10月1日	1.40
5月1日	0.80	11月1日	1.60
6月1日	1.20	12月1日	1.50

　　随后，投资者在12月2日，基金净值1.53元时赎回持有的全部基金份额，计算该投资者的基金定投收益率如下。

　　①计算投资者的投资总成本。

　　5 000.00×12=60 000.00（元）

②计算投资者持有的基金总份额，具体如下。

1 月持有基金份额：5 000.00÷1.00=5000（份）

2 月持有基金份额：5 000.00÷0.70+5 000≈12 142.86（份）

3 月持有基金份额：5 000.00÷0.60+12 142.86≈20 476.19（份）

4 月持有基金份额：5 000.00÷0.90+20 476.19≈26 031.75（份）

5 月持有基金份额：5 000.00÷0.80+26 031.75≈32 281.75（份）

6 月持有基金份额：5 000.00÷1.20+32 281.75≈36 448.42（份）

7 月持有基金份额：5 000.00÷1.22+36 448.42≈40 546.78（份）

8 月持有基金份额：5 000.00÷1.25+40 546.78≈44 546.78（份）

9 月持有基金份额：5 000.00÷1.30+44 546.78≈48 392.93（份）

10 月持有基金份额：5 000.00÷1.40+48 392.93≈51 964.36（份）

11 月持有基金份额：5 000.00÷1.60+51 964.36≈55 089.36（份）

12 月持有基金份额：5 000.00÷1.50+55 089.36≈58 422.69（份）

③计算 12 月 2 日赎回时的金额。

1.53×58 422.69≈89 386.72（元）

④计算投资收益。

89 386.72−60 000.00=29 386.72（元）

⑤计算收益率。

29 386.72÷60 000.00×100%≈48.98%

需要注意的是，通过这样的计算方法获得的收益率为实际投资收益率，并非年化收益率。

7.3.2 平均成本法计算投资收益率

我们在计算投资收益率时常常会运用收益率计算公式"收益率 =

（卖出价格－买入价格）÷买入价格"来进行计算，这是一次性基金投资中比较常用的一种收益率计算方式。

但是，因为基金定投非一次性投资，而是多次买进，所以，买入价格也为多个价格，想要运用该方式来计算投资收益率只能取其平均值，而卖出价格则为赎回基金份额时的当日基金净值。

同样的，下面案例我们采取平均成本法来计算投资收益。

实例分析
平均成本法计算基金定投收益

运用平均成本法计算基金定投收益方法如下。

①投资者投入总成本：5 000.00×12=60 000.00（元）

②投资者持有的基金总份额：58 422.69（份）

③投资者买入基金的平均成本为：60 000.00÷58 422.69≈1.03（元）

④定投收益率计算：（1.53−1.03）÷1.03=48.54%

需要注意的是，不管是实际收益计算法，还是平均成本计算法，都属于简要计算法，可以帮助投资者快速了解大概的收益率情况。但实际上，这两种计算方法都没有考虑时间周期问题，所以，它们计算的结果与实际定投收益率存在一定的误差。

7.3.3 运用 XIRR/IRR 函数计算基金定投年化收益率

既然实际收益率计算法和平均成本计算法都只是粗略的收益率计算，那么，有没有一种比较精确的基金定投收益率计算方法呢？

答案是肯定的，想要获得精准的收益率计算结果，投资者还可以运用XIRR/IRR 函数来计算基金定投年化收益率。

XIRR 与 IRR 函数都是反映一组现金流数据的内部收益率的函数，区别在于，XIRR 适用间隔相等现金流内部收益率计算，这个现金流不一定定期发生，而 IRR 适用间隔相等或不相等的现金流内部收益率计算，现金流必须定期出现。

所以，如果是不定额不定期的基金定投，可以采用 XIRR 函数进行计算。下面以一个具体的例子进行说明。

实例分析

XIRR 函数计算基金定投收益

假设某投资者做基金定投，具体的投资金额以当月市场变化来进行确定，低位加仓、高位减仓或者不投。该投资者 1 年的投资记录如表 7-2 所示。

表 7-2　投资者投资记录

时　间	投入金额	时　间	投入金额
1 月 1 日	1000.00	8 月 10 日	800.00
2 月 4 日	800.00	9 月 20 日	600.00
3 月 8 日	400.00	11 月 12 日	400.00
4 月 3 日	200.00	12 月 1 日	400.00
5 月 7 日	400.00		

该投资者在 12 月 22 日赎回基金，赎回时基金市值 6 356.00 元，计算该投资者的基金定投收益率（不考虑基金交易手续费用）。

此时，投资者可以使用 Excel 的 XIRR 函数简单方便地进行计算。首先，要记录自己的投资时间和金额。输入金额时需要将投资的金额记录为负数，而收益的金额记录为正数；时间列一定要写成完整的、标准的日期格式，否则计算会出错，具体操作如下。

打开 Excel 新建一个表格，选择 B12 单元格，在编辑栏中输入 "=XIRR（B2:B11,A2:A11）" 计算公式，按【Ctrl+Enter】组合键确认输入的公式，并计算出不定时不定金额投资的年收益率，如图 7-11 所示。

图 7-11　计算年化收益率

根据 XIRR 函数计算可以看到，此番基金定投，投资者获得的年化收益率为 49%。

如果投资者是定期定额的基金定投，则可以采用 IRR 函数进行计算。下面以一个具体的例子进行说明。

实例分析

IRR 函数计算基金定投收益

这里依然使用 7.3.1 中的案例数据，"投资者每月定投 5 000.00 元，赎回时总金额为 89 386.72 元"，计算年化收益率。

在 Excel 表格中记录数据时需要注意，投资金额的数据需要记录为负数，赎回时基金账户中的金额要记录为正数，否则会计算出错。具体的计算方法如下。

首先打开 Excel，新建一个表格，再选择 C15 单元格，在编辑栏中输入"=IRR(C2:C14)"计算公式，按【Ctrl+Enter】组合键确认输入的公式，并计算出定时定额投资的月收益率，如图 7-12 所示。

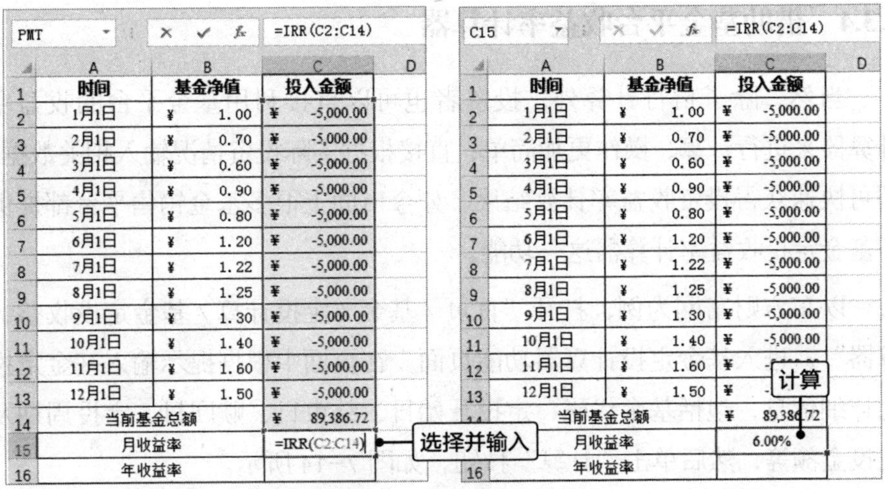

图 7-12　计算月收益率

选择 C16 单元格，在编辑栏中输入"=(1+C15)^12-1"计算公式，按【Ctrl+Enter】组合键确认输入的公式，程序自动根据计算的定时定额投资月收益率计算出对应的年收益率，如图 7-13 所示。

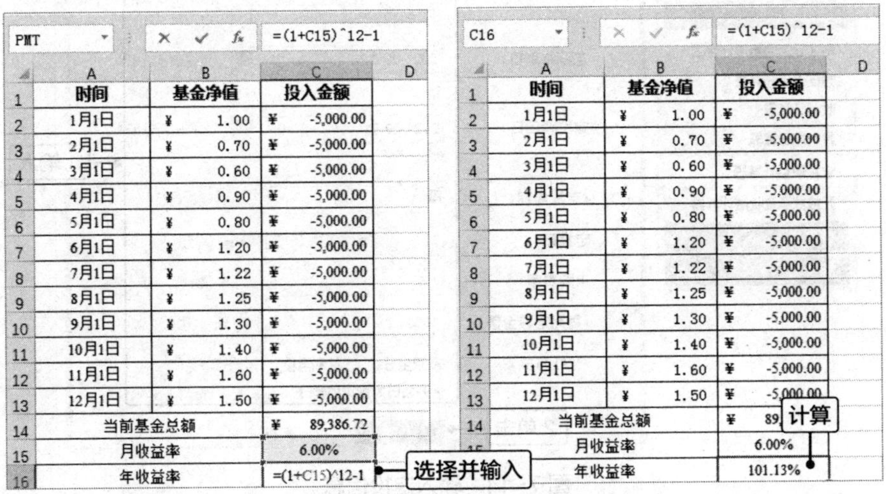

图 7-13　计算年化收益率

根据计算结果可以看到，此番基金定投中投资者的月收益率为 6%，年化收益率为 101.13%。

7.3.4 借助基金平台收益率计算器

当然，除了自行计算外，投资者也可以直接利用基金平台的收益率计算器来进行计算，操作更加简单，直接根据实际投资情况输入相关数据，即可快速获得投资收益率计算结果。如今市面上很多基金销售平台都提供了基金定投收益率计算器这一功能。

以东方财富网为例，打开"首页/基金/定投计算/基金定投收益计算器"，进入基金定投计算器功能页面。在页面中根据提示输入基金定投的详细信息，包括基金代码、定投开始日、结束日、赎回日、定投周期及定投金额等，然后单击"计算"按钮，如图7-14所示。

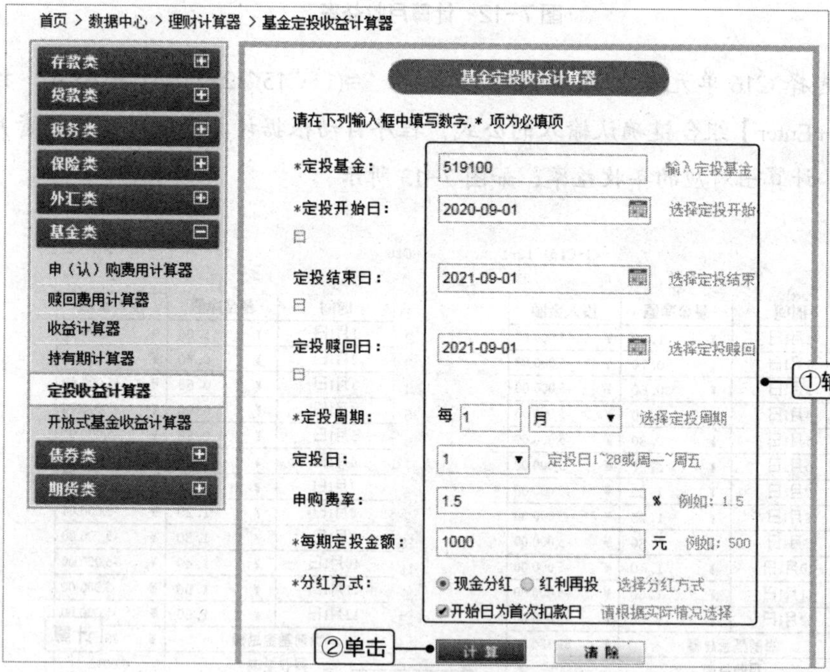

图 7-14　输入定投信息

完成后即可在页面下方看到详细的收益计算结果，如图7-15所示。

计算结果

截止定投赎回日的收益　　期末总资产包括红利再投或现金分红方式取得的收益

定投总期数	投入总本金（元）	分红方式	期末总资产（元）	定投收益率
12期	12,000.00	现金分红	11,563.72	-3.64%

定投记录

定投日期	单位净值	定投金额	购买份额
2021-08-02 星期一	1.3955	1,000.00	706.00
2021-07-01 星期四	1.5095	1,000.00	652.68
2021-06-01 星期二	1.5350	1,000.00	641.84
2021-05-06 星期四	1.4585	1,000.00	675.50
2021-04-01 星期四	1.4798	1,000.00	665.78
2021-03-01 星期一	1.5508	1,000.00	635.30
2021-02-01 星期一	1.5453	1,000.00	637.56
2021-01-04 星期一	1.9384	1,000.00	508.27
2020-12-01 星期二	1.8690	1,000.00	527.14
2020-11-02 星期一	1.7222	1,000.00	572.07

上一页 1 2 下一页 转到 页 Go

图 7-15　查看计算结果

短短几分钟，投资者便可以获得精准的收益率计算结果。但是，从计算可以看到，这种计算方式比较适合定期定额的定投，如果是比较灵活的不定额定期定投及不定额不定期定投，该功能就不适用了。

读者意见反馈表

亲爱的读者：

感谢您对中国铁道出版社的支持，您的建议是我们不断改进工作的信息来源，您的需求是我们不断开拓创新的基础。为了更好地服务读者，出版更多的精品图书，希望您能在百忙之中抽出时间填写这份意见反馈表发给我们。随书纸制表格请在填好后剪下寄到：北京市西城区右安门西街8号中国铁道出版社综合编辑部 张亚慧 收（邮编：100054）。或者采用传真（010-63549458）方式发送。此外，读者也可以直接通过电子邮件把意见反馈给我们，E-mail地址是：lampard@vip.163.com。我们将选出意见中肯的热心读者，赠送本社的其他图书作为奖励。同时，我们将充分考虑您的意见和建议，并尽可能地给您满意的答复。谢谢！

- -

所购书名：_____

个人资料：

姓名：_____ 性别：_____ 年龄：_____ 文化程度：_____

职业：_____ 电话：_____ E-mail：_____

通信地址：_____ 邮编：_____

- -

您是如何得知本书的：

□书店宣传 □网络宣传 □展会促销 □出版社图书目录 □老师指定 □杂志、报纸等的介绍 □别人推荐
□其他（请指明）

您从何处得到本书的：

□书店 □邮购 □商场、超市等卖场 □图书销售的网站 □培训学校 □其他

影响您购买本书的因素（可多选）：

□内容实用 □价格合理 □装帧设计精美 □带多媒体教学光盘 □优惠促销 □书评广告 □出版社知名度
□作者名气 □工作、生活和学习的需要 □其他

您对本书封面设计的满意程度：

□很满意 □比较满意 □一般 □不满意 □改进建议

您对本书的总体满意程度：

从文字的角度 □很满意 □比较满意 □一般 □不满意
从技术的角度 □很满意 □比较满意 □一般 □不满意

您希望书中图的比例是多少：

□少量的图片辅以大量的文字 □图文比例相当 □大量的图片辅以少量的文字

您希望本书的定价是多少：

本书最令您满意的是：

1.

2.

您在使用本书时遇到哪些困难：

1.

2.

您希望本书在哪些方面进行改进：

1.

2.

您需要购买哪些方面的图书？对我社现有图书有什么好的建议？

您更喜欢阅读哪些类型和层次的计算机书籍（可多选）？

□入门类 □精通类 □综合类 □问答类 □图解类 □查询手册类 □实例教程类

您在学习计算机的过程中有什么困难？

您的其他要求：